Autores-Coordinadores:
Fco. Javier Brazo Sayavera
Marcos Maynar Mariño
Rafael Timón Andrada

Autores:
Guillermo Jorge Olcina Camacho
Diego Muñoz Marín
María Concepción Robles Gil

EVALUACIÓN FISIOLÓGICA EN LA ACTIVIDAD FÍSICA Y EN EL DEPORTE

WANCEULEN
EDITORIAL DEPORTIVA

Título:	EVALUACIÓN FISIOLÓGICA EN LA ACTIVIDAD FÍSICA Y EN EL DEPORTE
Autores-coordinadores:	FCO. JAVIER BRAZO SAYAVERA, MARCOS MAYNAR MARIÑO, RAFAEL TIMÓN ANDRADA.
Autores:	GUILLERMO JORGE OLCINA CAMACHO; DIEGO MUÑOZ MARÍN; MARÍA CONCEPCIÓN ROBLES GIL
Editorial:	WANCEULEN EDITORIAL DEPORTIVA, S.L. www.wanceulen.com infoeditorial@wanceulen.com
ISBN:	978-84-9993-342-9
Dep. Legal:	SE 720-2013
©Copyright:	WANCEULEN EDITORIAL DEPORTIVA, S.L.

Primera Edición: Año 2013

Impreso en España: Publidisa

Reservados todos los derechos. Queda prohibido reproducir, almacenar en sistemas de recuperación de la información y transmitir parte alguna de esta publicación, cualquiera que sea el medio empleado (electrónico, mecánico, fotocopia, impresión, grabación, etc), sin el permiso de los titulares de los derechos de propiedad intelectual. Cualquier forma de reproducción, distribución, comunicación pública o transformación de esta obra solo puede ser realizada con la autorización de sus titulares, salvo excepción prevista por la ley. Dirijase a CEDRO (Centro Español de Derechos Reprográficos, www.cedro.org) si necesita fotocopiar o escanear algún fragmento de esta obra.

AUTORES-COORDINADORES:

DR. D. FCO. JAVIER BRAZO SAYAVERA
Doctor en Fisiología.
Profesor de la Facultad de Ciencias del Deporte. Universidad de Extremadura.

DR. D. MARCOS MAYNAR MARIÑO
Doctor en Medicina y Cirujía.
Profesor Titular de la Facultad de Ciencias del Deporte.
Universidad de Extremadura.

DR. D. RAFAEL TIMÓN ANDRADA
Doctor en Fisiología.
Profesor Titular de la Facultad de Ciencias del Deporte.
Universidad de Extremadura.

Autores:

DR. D. GUILLERMO JORGE OLCINA CAMACHO
Doctor en Fisiología.
Profesor Titular de la Facultad de Ciencias del Deporte.
Universidad de Extremadura.

DR. D. DIEGO MUÑOZ MARÍN
Doctor en Fisiología.
Profesor de la Facultad de Ciencias del Deporte. Universidad de Extremadura.

DRA. DÑA. MARÍA CONCEPCIÓN ROBLES GIL
Doctora en Fisiología.
Profesora de la Facultad de Ciencias del Deporte. Universidad de Extremadura.

ÍNDICE

PRÓLOGO 3

CAPÍTULO 1. LA EVALUACIÓN FISIOLÓGICA EN LA ACTIVIDAD FÍSICA Y EL DEPORTE 15
1.1. INTRODUCCIÓN 15
1.2. SISTEMAS DE OBTENCIÓN DE ENERGÍA 16
    1.2.1. SISTEMAS ANAERÓBICOS ALÁCTICOS 19
    1.2.2. SISTEMAS ANAERÓBICOS LÁCTICOS 21
    1.2.3. SISTEMAS AERÓBICOS 23
1.3. OBJETIVOS DE LA EVALUACIÓN FISIOLÓGICA 33
1.4. METODOLOGÍA DE LA EVALUACIÓN FISIOLÓGICA 33
1.5. OBJETIVOS DEL RECONOCIMIENTO MÉDICO-DEPORTIVO 39
1.6. REFERENCIAS 40

CAPÍTULO 2. PROCEDIMIENTOS DE VALORACIÓN FUNCIONAL EN EL DEPORTE Y EL EJERCICIO FÍSICO ORIENTADO A LA SALUD 43
2.1. INTRODUCCIÓN 43
2.2. REGISTRO DE DATOS 44
    2.2.1. EL MANTENIMIENTO DE LA CONFIDENCIALIDAD 46
2.3. VALORACIÓN DEL ESTADO DE SALUD 46
    2.3.1. LA EXPLORACIÓN CLÍNICA 47
        2.3.1.1. EXPLORACIÓN GENERAL 47
        2.3.1.2. BALANCE MORFOESTÁTICO 48
        2.3.1.3. ESTUDIO ANTROPOMÉTRICO 48
        2.3.1.4. ESPIROMETRÍA 49
        2.3.1.5. ELECTROCARDIOGRAMA EN REPOSO 49
        2.3.1.6. PRUEBA DE ESFUERZO 49
2.4. RECONOCIMIENTO MÉDICO-DEPORTIVO EN LA EDAD ADULTA Y LA TERCERA EDAD 50
    2.4.1. EXAMEN PARA DAR CONSEJO DEL EJERCICIO FÍSICO 51
    2.4.2. EXAMEN PARA VALORACIÓN Y PRESCRIPCIÓN DE .... EJERCICIO FÍSICO 53
        2.4.2.1. PRUEBAS COMPLEMENTARIAS 53

2.4.2.2. PRUEBA DE ESFUERZO 53
2.4.3. VISITAS DE SEGUIMIENTO DE DEPORTISTAS CATALOGADOS
DE ALTO NIVEL 54
2.4.4. EL RECONOCIMIENTO MÉDICO-DEPORTIVO EN LA TERCERA
EDAD 55
2.5. INFORME DE EVALUACIÓN 57
2.6. REFERENCIAS 59

CAPÍTULO 3. EVALUACIÓN ANTROPOMÉTRICA 61
3.1. INTRODUCCIÓN 61
3.2. MARCO TEÓRICO 61
    3.2.1. CONCEPTO 61
    3.2.2. METODOLOGÍA 62
    3.2.3. OBJETIVOS Y UTILIDADES 63
3.3. MATERIALES, MEDIDAS ANTROPOMÉTRICAS Y PROTOCOLOS 64
    3.3.1. MATERIALES UTILIZADOS PARA LA VALORACIÓN
ANTROPOMÉTRICA 64
    3.3.2. PROTOCOLOS DE MEDICIÓN 66
    3.3.3. MEDIDAS ANTROPOMÉTRICAS 67
3.4. CÁLCULO DE LA COMPOSICIÓN CORPORAL 72
    3.4.1. COMPONENTE GRASO 73
    3.4.2. COMPONENTE ÓSEO 74
    3.4.3. COMPONENTE RESIDUAL 75
    3.4.4. COMPONENTE MUSCULAR 75
3.5. EL SOMATOTIPO 76
    3.5.1. DEFINICIÓN 76
    3.5.2. DETERMINACIÓN DEL SOMATOTIPO 76
    3.5.3. LA SOMATOCARTA 78
    3.5.4. CLASIFICACIÓN DE LOS SOMATOTIPOS 79
3.6. REFERENCIAS 79

CAPÍTULO 4. EVALUACIÓN AERÓBICA 81
4.1. INTRODUCCIÓN 81
    4.1.1. TIPOS DE RESISTENCIA 82
4.2. FACTORES DETERMINANTES DEL RENDIMIENTO AERÓBICO 84
4.3. PRUEBAS DE VALORACIÓN DEL RENDIMIENTO AERÓBICO 87

4.3.1. PRUEBAS INDIRECTAS DE VALORACIÓN 88
   4.3.1.1. TEST DE COOPER (1968) 89
   4.3.1.2. TEST DE 2400 METROS DE COOPER 91
   4.3.1.3. COURSE NAVETTE DE 20 METROS (LEGER, 1981) 92
   4.3.1.4. PRUEBA PROGRESIVA DE LEGER Y BOUCHER (1980) 95
   4.3.1.5. TEST DE SJOSTRAND O "POTENCIA CRÍTICA 170" 95
   4.3.1.6. TEST DE ASTRAND Y RYHMING 96
   4.3.1.7. VARIANTE DEL TEST DE ASTRAND Y RYHMING 98
   4.3.1.8. PRUEBA DEL ESCALÓN DE FOREST SERVICE 98
   4.3.1.9. TEST DE FOX 102
   4.3.1.10. PRUEBA DE ANDAR DE ROCKPORT 102
   4.3.1.11. PRUEBA DE CARRERA DE GEORGE-FISHER 103
4.3.2. PRUEBAS DIRECTAS DE VALORACIÓN 104
   4.3.2.1. MÉTODO DE MITCHELL, SPROULE Y CHAPMAN 108
   4.3.2.2. PRUEBA DE SHEPARD 108
   4.3.2.3. PRUEBA DE ESFUERZO MAXIMAL SOBRE TAPIZ 109
   4.3.2.4. PRUEBA DE ESFUERZO MAXIMAL SOBRE
          CICLOERGÓMETRO 109
   4.3.2.5. TEST MÁXIMO PROGRESIVO EN CICLOSIMULADOR
          O RODILLO 110
4.4. PRUEBAS DE ADAPTACIÓN CARDIOVASCULAR AL ESFUERZO 111
   4.4.1. TEST DE RUFFIER 111
   4.4.2. TEST DE MARTINET 112
   4.4.3. PRUEBA DE PACHON-MARTINET 112
   4.4.4. TEST DE CRAMPTON O DE ORTOCLINOSTASTISMO 113
4.5. REFERENCIAS 113

CAPÍTULO 5. EVALUACIÓN ANAEROBICA **117**
5.1. INTRODUCCIÓN 117
5.2. UMBRAL ANAERÓBICO 117
5.3. PRUEBAS DE VALORACIÓN DE LA RESISTENCIA ANAERÓBICA 120
   5.3.1. PRUEBAS A CORTO PLAZO 120
      5.3.1.1. PRUEBA DE LA ESCALERA DE MARGARIA-KALAMEN 120
      5.3.1.2. TEST DE BOSCO DE 15 SEGUNDOS DE SALTOS
            CONTINUADOS 122

5.3.2. PRUEBAS A MEDIO PLAZO 123
    5.3.2.1. TEST DE WINGATE DE 30 SEGUNDOS 123
    5.3.2.2. PRUEBA DE CARGA CONSTANTE DE BRUYN-PRÉVOST .. 126
5.3.3. PRUEBAS A LARGO PLAZO 128
    5.3.3.1. TEST DE TAMRE 90 128
    5.3.3.2. TEST DE LACTATO 131
5.4. REFERENCIAS 135

CAPÍTULO 6. EVALUACIÓN DE LA FUERZA 137

6.1. INTRODUCCIÓN 137
6.2. VALORACIÓN DE LA FUERZA RESISTENCIA 138
  6.2.1. VALORACIÓN CON CARGAS EXTERNAS 139
  6.2.2. VALORACIÓN CON EL PESO DEL PROPIO CUERPO 141
    6.2.2.1. TEST DE VALORACIÓN DE LA FUERZA ABDOMINAL 142
    6.2.2.2. TEST DE VALORACIÓN DE LA DE FUERZA EXTENSORA DE LA COLUMNA 142
    6.2.2.3. TEST DE VALORACIÓN DE LA EXTENSIÓN DE BRAZOS EN CAÍDA FACIAL 143
    6.2.2.4. TEST DE SUBIDA DEL CUERPO EN BARRA (DOMINADAS) 143
    6.2.2.5. TEST DE VALORACIÓN DE TRÍCEPS 144
    6.2.2.6. TEST DE VALORACIÓN ISOMÉTRICO DE BARRA 144
    6.2.2.7. TEST DE VALORACIÓN ISOMÉTRICO DE FUERZA RESISTENCIA DEL MUSLO. 145
6.3. VALORACIÓN DE LA FUERZA MÁXIMA 145
  6.3.1. FUERZA MÁXIMA DINÁMICA 146
    6.3.1.1. PRESS DE BANCA 147
    6.3.1.2. SENTADILLA 147
  6.3.2. FUERZA MÁXIMA ISOMÉTRICA (FMI) 149
    6.3.2.1. DINAMOMETRÍA MANUAL 151
    6.3.2.2. DINAMOMETRÍA LUMBAR O TREN INFERIOR 152
    6.3.2.3. VALORACIÓN DEL TREN INFERIOR 153
6.4. VALORACIÓN DE LA FUERZA VELOCIDAD 154
  6.4.1. UTILIZACIÓN DE PESAS O SOBRECARGAS EN ARRANCADA 156
  6.4.2. TEST DEL SALTO VERTICAL 157

6.4.3. TEST DE MARGARIA Y KALAMEN 159
6.4.4. PLATAFORMAS DE FUERZA Y DE CONTACTO (SALTOS
VERTICALES) 160
6.4.4.1. SQUAT-JUMP (SJ) 161
6.4.4.2. SJ CON CARGA CRECIENTE 161
6.4.4.3. SALTO EN CONTRAMOVIMIENTO (CMJ) 162
6.4.4.4. TEST DE ABALAKOV 162
6.4.4.5. DROP JUMP (DJ) 162
6.4.5. TEST DE LANZAMIENTOS 163
6.5. REFERENCIAS 164

CAPÍTULO 7. EVALUACIÓN DE LA FLEXIBILIDAD 167
7.1. INTRODUCCIÓN 167
7.1.1. CONCEPTO 167
7.1.2. TIPOS DE FLEXIBILIDAD 168
7.1.3. BENEFICIOS OBTENIDOS DEL TRABAJO DE FLEXIBILIDAD 169
7.1.4. FACTORES QUE INFLUYEN Y LIMITAN LA FLEXIBILIDAD 172
7.1.4.1. FACTORES ANATÓMICOS 172
7.1.4.2. FACTORES FISIOLÓGICOS 173
7.1.4.3. OTROS FACTORES 174
7.2. EVALUACION DE LA FLEXIBILIDAD del DEPORTISTA 175
7.2.1. OBJETIVOS DE LA EVALUACIÓN 175
7.2.2. CARACTERÍSTICAS DE LAS PRUEBAS 176
7.2.3. PRUEBAS DIRECTAS DE MEDICIÓN DE LA FLEXIBILIDAD
ESTATICA 176
7.2.3. PRUEBAS INDIRECTAS DE MEDICIÓN DE LA FLEXIBILIDAD
ESTÁTICA 181
7.3.2.1. TEST DE CURETON 181
7.3.2.2. TEST DE WELLS Y DILLON 181
7.3. EVALUACION DE LA FLEXIBILIDAD EN DIFERENTES DEPORTES 183
7.4. INTERPRETACIÓN Y VALORACIÓN DE LOS RESULTADOS 186
7.5. REFERENCIAS 187

CAPÍTULO 8. EVALUACIÓN DE LA CONDICIÓN FÍSICA EN ADULTOS Y MAYORES 191
8.1. INTRODUCCIÓN...............191
8.2. LA COMPOSICIÓN CORPORAL EN LA TERCERA EDAD...............194
8.3. LA RESISTENCIA CARDIO-RESPIRATORIA EN LA TERCERA EDAD...........196
8.4. LA FUERZA EN LA TERCERA EDAD...............198
8.5. EL EQUILIBRIO EN LA TERCERA EDAD...............201
8.6. LA FLEXIBILIDAD EN LA TERCERA EDAD...............203
8.7. LA VELOCIDAD Y LA COORDINACIÓN EN LA TERCERA EDAD...............205
8.8. BATERÍAS DE EVALUACIÓN DE LA CONDICIÓN FÍSICA DE LAS PERSONAS MAYORES...............206
    8.8.1. BATERÍA EUROFIT PARA ADULTOS...............207
    8.8.2. BATERÍA AFISAL-INEFC...............209
    8.8.3. CPAFLA, CANADIAN PHYSICAL ACTIVITY, FITNESS AND LIFESTYLE APPRAISAL...............210
    8.8.4. HEALTH-RELATED FITNESS TEST BATTERY FOR ADULTS. UKK, HRFT-UKK...............210
    8.8.5. SENIOR FITNESS TEST...............211
    8.8.6. LA BATERÍA ECFA-INEFG...............213
    8.8.7. BATERÍA VACAFUN-ANCIANOS (VALORACIÓN DE LA CAPACIDAD FUNCIONAL EN ANCIANOS)...............214
8.9. REFERENCIAS...............216

PRÓLOGO

La evaluación de las personas que realizan actividad física es una fase fundamental en el control y seguimiento del proceso de entrenamiento. La actividad física continuada, como forma de estrés, va a producir una serie de cambios funcionales y morfológicos en nuestro organismo. Estos cambios son fundamentales cuantificarlos pues son consecuencia del programa de entrenamiento. En base a estos cambios podremos saber si un programa de entrenamiento es adecuado o no en relación a los fines perseguidos. Por ello, todo periodo de entrenamiento debe de contener fases de control de los progresos en el mismo y con ello poder hacer aquellos cambios necesarios para conseguir los objetivos propuestos. La evaluación de los sujetos que hacen ejercicio físico va a ser fundamental en el proceso de entrenamiento.

Esta obra pretende aportar al lector información sobre la evaluación fisiológica tanto en la actividad física como en el deporte, que una vez alcanzados los conocimientos de fisiología del ejercicio, permite tener más información sobre las personas que se someten a un programa de ejercicio físico o para deportistas que pretenden mejorar su rendimiento deportivo.

La obra "Evaluación Fisiológica en la actividad física y en el deporte" recoge los principales instrumentos de valoración que son utilizados con frecuencia tanto en la recogida de datos en laboratorio como en el campo de trabajo.

Los contenidos están divididos en tres partes fundamentales; una introducción sobre los conceptos básicos de metabolismo energético, los procedimientos de valoración de diferentes cualidades y una parte dedicada a la evaluación en personas adultas y mayores. Con este contenido el libro aportará el contenido a las partes prácticas de asignaturas como fisiología del ejercicio o valoración de la condición física que se imparten en el grado de Ciencias de la Actividad Física y el Deporte.

Por tanto este libro pretende poner a disposición de los técnicos y profesionales del ejercicio test que le permitan realizan una cuantificación y valoración del grado de entrenamiento de diferentes cualidades en los deportistas (capacidad aeróbica, anaeróbica, flexibilidad, etc) y que les permitan poder seguir con un control del entrenamiento de una forma precisa.

Prof. Dr. Marcos Maynar Mariño
Doctor en Medicina y Cirugía
Profesor Titular de Fisiología en la Universidad de Extremadura

CAPÍTULO 1
LA EVALUACIÓN FISIOLÓGICA EN LA ACTIVIDAD FÍSICA Y EL DEPORTE

Dr. Fco. Javier Brazo Sayavera

1.1. INTRODUCCIÓN

Los resultados de un programa de entrenamiento o de mejora de la condición física están condicionados por las capacidades de los individuos y la mejora de éstas. Los resultados son la conclusión de un trabajo de mejora de estas condiciones, a través del establecimiento de unos objetivos iniciales. La evaluación fisiológica nos va a permitir medir la consecución de estos objetivos, tanto en el transcurso del proceso como al final del mismo. Además, la evaluación en el transcurso del programa de entrenamiento brinda la posibilidad de reorientar el proceso para alcanzar los objetivos inicialmente planificados.

Valorar la aptitud permite cuantificar el esfuerzo y las variables funcionales utilizadas; prescribir programas de actividades ajustadas en cada momento a la mejora funcional, entrenamiento, salud, etc.; informar del estado de salud del individuo ante tareas o esfuerzos estresantes; mejorar la capacidad de trabajo de la población deportista, activa o sedentaria; comparar los resultados de distintos grupos y la efectividad de los programas de ejercicio realizados; desarrollar programas de evaluación cada vez más objetivos y precisos en las diferentes actividades humanas: en definitiva, educar al individuo en conocer su cuerpo, limitaciones y posibilidades, de forma científica, y así dotarlo de medios de desarrollo y rendimiento deportivo óptimo (Legido y cols, 2007).

En los últimos años está aumentando la popularidad de las pruebas de resistencia, al mismo tiempo al que el nivel de los participantes que se inician en ellas es menor (Aagaard y cols, 2012). Por tanto, estos individuos menos acostumbrados al esfuerzo físico tienen un alto riesgo de padecer algún problema cardíaco durante una prueba de resistencia (Thompson y cols, 2007).

Debido al incremento de la popularidad de actividades deportivas intensas, particularmente en categorías de veteranos (Jokl y cols, 2004), por ejemplo, 2 millones de corredores finalizan cada año una maratón, es importante implementar estas medidas preventivas.

1.2. SISTEMAS DE OBTENCIÓN DE ENERGÍA

La evaluación fisiológica no es eficaz sí no aporta información relevante. En este sentido es muy importante conocer las vías de obtención de energía, lo que permitirá al evaluador elegir las pruebas que mejor se adapten a lo que se pretende medir.

No puede completarse ningún movimiento sin cierto gasto de energía. Cuanto más intenso y prolongado sea el esfuerzo y cuanto mayor sea la cantidad de grupos musculares que participan en la actividad, más energía se necesitará.

En calidad de abastecedores de energía para el movimiento humano figuran los procesos de intercambio (reacciones metabólicas) presentes en el organismo y, en particular, en los músculos activos e inactivos. La única fuente directa de energía para la contracción muscular es el adenosín trifosfato (ATP), que atañe a los enlaces de fosfato de alta energía (macroenergéticos).

El trifosfato de adenosina (ATP) es un compuesto químico lábil presente en todas las células. El ATP es una combinación de adenina, ribosa y tres radicales de fosfato. Los dos últimos fostatos están unidos al resto de la molécula por los llamados enlaces de alta energía. La cantidad de energía libre de cada uno de estos enlaces de alta energía por mol de ATP es de unas 7.300 calorías en condiciones estándar y de unas 12.000 calorías en las condiciones de temperatura y concentración de los reactantes en el cuerpo.

Por tanto, la escisión de cada uno de los dos radicales fosfato libera dentro del organismo 12.000 calorías de energía. Después de que el ATP pierde un radical fosfato, este compuesto pasa a ser difosfato de adenosina (ADP), y tras la pérdida del segundo radical fosfato, se convierte en monofosfato de adenosina (AMP). Las conversiones entre el ATP, el ADP y el AMP son las siguientes:

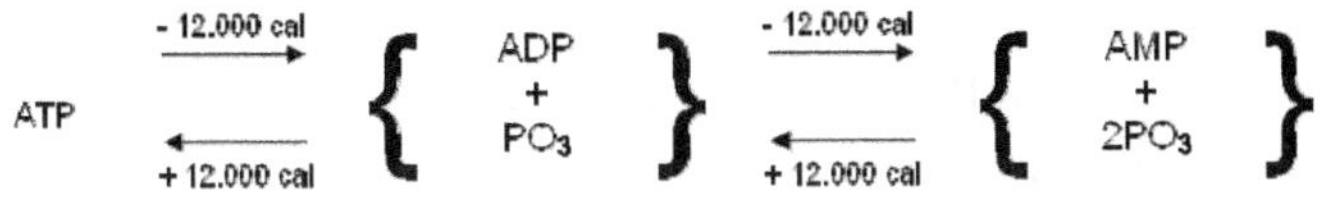

$$ATP \underset{+12.000\ cal}{\overset{-12.000\ cal}{\rightleftarrows}} \left\{ \begin{array}{c} ADP \\ + \\ PO_3 \end{array} \right\} \underset{+12.000\ cal}{\overset{-12.000\ cal}{\rightleftarrows}} \left\{ \begin{array}{c} AMP \\ + \\ 2PO_3 \end{array} \right\}$$

Figura 1.1. Conversiones de ATP, ADP y AMP.

El ATP está presente en todo el citoplasma y el núcleo-plasma de todas las células y prácticamente todos los mecanismos fisiológicos que requieren energía la obtienen directamente del ATP (o de otro compuesto similar de alta energía: el trifosfato de guanosina [GTP]). A su vez, los alimentos se oxidan de manera gradual en la célula, y la energía liberada se utiliza para volver a formar ATP, manteniendo así siempre un aporte de esta sustancia. Todas estas transferencias de energía tienen lugar por medio de reacciones acopladas.

En resumen, el ATP es un compuesto intermediario con la capacidad peculiar de participar en muchas reacciones acopladas: reacciones con el alimento para extraer la energía y reacciones en muchos mecanismos fisiológicos para proporcionar energía para su función. Por esta razón, al ATP se le ha llamado moneda energética del organismo, que puede ganarse y gastarse una y otra vez.

Para que las fibras musculares puedan mantener cualquier contracción prolongada, es imprescindible un constante restablecimiento (resíntesis) del ATP con la misma rapidez con la que se libera.

La resíntesis en el músculo puede producirse por dos vías: la anaeróbica (sin participación de oxígeno) y la aeróbica (con participación de oxígeno). Para la formación y utilización del ATP en calidad de fuente inmediata de energía de los músculos en una contracción, pueden actuar tres mecanismos químicos (energéticos):

- fosfágeno o de la fosfocreatina (CP),
- glucolítico o del lactato,
- oxidativo o del oxígeno.

Los dos primeros mecanismos – la fosfocreatina y la glucólisis – funcionan por la vía anaeróbica, mientras que el tercero – el de oxidación – lo hace por la aeróbica.

En estos mecanismos de resíntesis del ATP se emplean diversos substratos energéticos. Se definen por su capacidad energética, es decir, por la cantidad máxima de ATP que pueden resintetizar gracias a la energía de estos mecanismos, y por su potencia energética, es decir, por la cantidad máxima de energía desprendida de una sola vez (la cantidad máxima de ATP que se transforma de una vez). La capacidad del sistema energético limita el volumen máximo y, su potencia, la intensidad tope del trabajo que se lleva a cabo gracias a la energía de un mecanismo dado. El principal papel de cada uno de ellos en la resíntesis del ATP dependerá de la intensidad y duración de la contracción muscular, así como de las condiciones de trabajo de los músculos, incluyendo su nivel de aporte de oxígeno.

En el aporte de energía para el trabajo muscular juega un papel destacado la fosfocreatina (CP). La reacción de fosforilación entre CP y ADP catalizada por la enzima creatinaquinasa, garantiza una resíntesis del ATP extraordinariamente rápida, que se produce ya en el momento de la contracción muscular.

Durante los segundos iniciales, la fuente de energía para el ejercicio son los compuestos de alto potencial de transferencia existentes (ATP y creatina fosfato). Tras ello, el ATP debe regenerarse mediante las vías metabólicas.

PRINCIPALES SISTEMAS DE ENERGÍA	TIEMPOS DE TRABAJO	ACTIVIDADES FÍSICAS
ATP y CP	Menos de 20 segundos	Lanzamiento de peso, 100 m.l., golpes de golf y tenis.
ATP, CP y glucólisis anaeróbica (ácido láctico)	Entre 30 y 90 segundos	Sprints de 200-400 m, patinaje de velocidad, 100 m en natación.
Glucólisis anaeróbica (ácido láctico) y aeróbica	Entre 90 s y unos minutos	Carrera de 800 m, pruebas de gimnasia, boxeo, lucha libre.
Aeróbica	Más de unos minutos	Fútbol, esquí de fondo, maratón.

Tabla 1.1. Principales vías de obtención de energía (López y Fernández, 2001).

1.2.1. SISTEMAS ANAERÓBICOS ALÁCTICOS

La CP en el músculo de los vertebrados es un reservorio de grupos fosforilo de alta energía que pueden transferirse fácilmente al ATP. En efecto, cada vez que realizamos un ejercicio intenso utilizamos la creatina fosfato para regenerar el ATP a partir del ADP. Esta reacción está catalizada por el enzima creatina quinasa.

A pH 7, la energía libre estándar de la hidrólisis de la creatina fosfato es -10,3 kcal mol (-43,1 kJ mol), en comparación con las -7,3 kcal mol (-30,5 kJ mol) del ATP. Por consiguiente la variación de energía libre estándar correspondiente a la formación de ATP, a partir de creatina fosfato, es de -3,0 kcal mol (-12,6 kJ mol), lo que corresponde a una constante de equilibrio de 162.

En el músculo en reposo, las concentraciones típicas de estos metabolitos son: [ATP] = 4 mM, [ADP] =0,013 mM, [creatina fosfato] = 25 mM, y [creatina] = 13mM. La cantidad de ATP disponible en el músculo asegura su capacidad de contracción durante menos de un segundo. La abundancia de creatina fosfato y su alto potencial de transferencia de fosforilos con respecto al ATP la convierten en un amortiguador muy eficaz de grupos fosforilo. En realidad, la creatina fosfato es la principal fuente de grupos fosforilo para regenerar el ATP que utiliza un corredor de 100 metros lisos durante los primeros 4 segundos de la carrera. Después de ellos el ATP debe ser regenerado por el metabolismo.

En comparación con otros mecanismos, la fuente de CP es la que posee la mayor potencia, que es 3 veces superior a la potencia máxima del mecanismo glucolítico y de 4 a 6 veces mayor a la del mecanismo oxidativo de resíntesis del ATP; es por ello, el mecanismo de la CP juega un papel decisivo en el aporte energético de los trabajos de máxima potencia (los esfuerzos musculares cortos de carácter explosivo). Ya que las reservas de ATP y CP en los músculos son limitadas, la capacidad del mecanismo CP no es muy grande y el trabajo de máxima potencia ejecutado mediante este mecanismo no puede prolongarse mucho en el tiempo.

La concentración de amonio (NH_4^+) en sangre se relaciona de forma exponencial con la intensidad del ejercicio. Se ha demostrado que durante el ejercicio en humanos hay un aumento significativo en la concentración sanguínea de amonio. Esta respuesta refleja el equilibrio entre la producción de amonio por el músculo esquelético contráctil con su liberación a la sangre y los mecanismos de aclaración del torrente circulatorio. Aunque los niveles de amonio varían según la disponibilidad del sustrato energético (glucógeno muscular), el estado de entrenamiento o la distribución del tipo de fibra muscular, entre otros factores, el aumento de los niveles sanguíneos de amonio con el ejercicio depende del tipo, intensidad y duración del mismo.

Durante los ejercicios intensos y de corta duración el amonio procede de la desaminación de adenosina 5, monofosfato (AMP) a inosina 5, monofosfato (IMP) y NH_3 en el músculo activo. Esta es la primera reacción del ciclo de los nucleótidos de las purinas y está catalizada por la enzima AMP desaminasa. Sin embargo, durante el ejercicio prolongado se ha sugerido que el mecanismo de producción de este metabolismo es el catabolismo de los aminoácidos, sobre todo los de cadena ramificada.

La producción de amonio es mayor durante el ejercicio intenso, cuando la tasa de utilización del ATP excede a la de formación del ATP.

La desaminación del AMP puede contribuir al control de la glucólisis y glucogenólisis al controlar la reacción ATP/ADP, y al reproducir amonio, que es un activador de la fosfofructoquinasa.

1.2.2. SISTEMAS ANAERÓBICOS LÁCTICOS

El mecanismo glucolítico contribuye a la resíntesis de ATP y CP gracias a la división anaeróbica de los hidratos de carbono – glucógeno y glucosa – con formación de ácido láctico (lactato). Como una de las condiciones de activación de la glucólisis se encuentra la disminución de la concentración de ATP y el aumento de la concentración de los productos de su división: el ADP y el fósforo inorgánico. Con ello se activan los enzimas glucolíticos clave (fosfofructoquinasa, fosforilasa) y se refuerza la glucólisis. A medida que se acumula el lactato en el proceso de la glucólisis, la reacción activa de los medios internos (pH) se desplaza al lado ácido y se produce una inhibición de la actividad de los enzimas glucolíticos, lo cual reduce la velocidad de la glucólisis y la cantidad de energía (ATP) formada de una sola vez. Por ello, la capacidad de la fuente glucolítica de energía viene limitada en gran medida no por el contenido de los correspondientes substratos sino por la concentración de lactato en la sangre. En relación con esto, cuando se ejecuta el trabajo muscular contando con el empleo del mecanismo glucolítico jamás se produce un agotamiento brusco del glucógeno en los músculos que trabajan y mucho menos en el hígado.

Una parte del lactato que se ha formado en el momento del trabajo se oxida en los músculos; la otra parte pasa a la sangre y va a parar a las células del hígado, donde se emplea para la síntesis del glucógeno. A su vez, el glucógeno se divide hasta convertirse en glucosa, que pasará a los músculos por medio de la sangre y será la fuente para la resíntesis del glucógeno muscular consumido durante el trabajo. Aunque la glicolisis y la gluconeogénesis tienen en común algunos enzimas, las dos vías no son sencillamente una la inversa de la otra.

La vía glucolítica puede dividirse en tres etapas: se atrapa a la glucosa y se desestabiliza; la fructosa de seis carbonos se rompe y da lugar a dos moléculas de tres carbonos interconvertibles; y finalmente se genera ATP.

La etapa final de la glucólisis es la generación de ATP a partir de los metabolitos de tres carbonos fosforilados de la glucosa. La fosfoglicerato quinasa cataliza la transferencia del grupo fosforilo del 1,3-bisfosfoglicerato al ADP a partir del acilfosfato. Los productos son ATP y 3-fosfoglicerato.

En los pasos restantes de la glicolisis, el 3-fosfoglicerato se convierte en piruvato con la correspondiente conversión de ADP en ATP.

La primera reacción es un reordenamiento. La posición del grupo fosforilo se desplaza en la conversión del 3-fosfoglicerato en 2-fosfoglicerato, reacción que cataliza la fosfoglicerato mutasa. En general, una mutasa es un enzima que cataliza un cambio en la ubicación intramolecular de un grupo químico como puede ser el fosforilo. La fosfoglicerato mutasa tiene un mecanismo de reacción interesante: el grupo fosforilo no se desplaza simplemente de un carbono a otro. Este enzima requiere cantidades catalíticas de 2,3-bisfosfoglicerato para mantener en la forma fosforilada un residuo de histidina del centro activo.

La potencia del mecanismo glucolítico es 1,5 veces superior a la del de oxidación, y su capacidad energética es 2,5 veces más grande que la del mecanismo de la fosfocreatina.

1.2.3. SISTEMAS AERÓBICOS

El mecanismo de oxidación favorece la resíntesis del ATP en condiciones de aporte ininterrumpido de oxígeno a las mitocondrias de las células musculares y emplea, en calidad de substratos de oxidación, hidratos de carbono (glucógeno y glucosa), grasas (ácidos grasos) y, de forma parcial, proteínas (aminoácidos).

La correlación entre substratos oxidados se determina por la potencia relativa del trabajo aeróbico (en % del V02 máximo). Si se ejecuta un trabajo ligero a un nivel del 50% del V02 máximo, con una duración extrema de hasta algunas horas, una gran parte de la energía para la contracción de los músculos se forma gracias a la oxidación de grasas (lipólisis). Cuando el trabajo es más pesado (más del 60% del V02 máximo), una parte significativa de la producción de energía procederá de los hidratos de carbono. En caso de un trabajo cercano al V02 máximo, la inmensa mayoría de la producción de energía correrá a cuenta de la oxidación de hidratos de carbono.

El mecanismo de oxidación es el que posee la mayor capacidad energética. La capacidad del aporte energético de los hidratos de carbono está determinada por las reservas de glucógeno en músculos e hígado, así como por la posibilidad del hígado de formar glucosa durante el proceso de trabajo no sólo mediante la división de glucógenos (glucogenólisis), sino también mediante la formación de glucosa (gluconeogénesis) a partir de lactato y otras substancias (aminoácidos, piruvato, glicerina) que lleguen al hígado con la sangre.

De todas las fuentes musculares de energía, las grasas son las que proporcionan la mayor capacidad energética, lo que las hace muy convenientes para la ejecución de trabajos largos de potencia relativamente baja con un aporte de oxígeno pleno. No obstante, los hidratos de carbono tienen una seria ventaja frente a las grasas en cuanto a cantidad de ATP que se forma por cada oxígeno consumido. En este sentido es especialmente eficaz la oxidación del glucógeno muscular, que presenta la mayor eficacia energética, dos veces mayor que en la oxidación de grasas.

Los ácidos grasos son uno de los combustibles más empleados y fuente de obtención de energía para muchos tejidos. Esterificados con glicerina, forman tiracilgliceroles o grasas, de los que suele haber depósitos en todas las células, aunque son mucho más abundantes en el tejido adiposo, cuya principal función consiste, precisamente, en servirles de almacén.

Cuando se produce un déficit calórico (caso del ayuno), se movilizan esos depósitos de trigliceroles, fenómeno que, junto a su contrario, el depósito de grasas, está controlado por la acción de diferentes hormonas. Si predominan en la sangre las hormonas lipolíticas (ACTH, glucagón, adrenalina, hormona del crecimiento, etc.), el equilibrio se desplazará hacia la movilización; si, por el contrario, predominan las hormonas lipógenas (la principal es la insulina), ocurrirá lo contrario.

Los ácidos grasos liberados en la movilización, la mayor parte de cadena larga (16-18 átomos de carbono), se unen a la albúmina, que los transporta hasta los tejidos para su uso como combustible.

La ruta fundamental de degradación de ácidos grasos es la denominada β-oxidación mitocondrial. Para que un ácido graso se oxide, ha de llegar a la mitocondria, previamente activado, para ser reconocido por las enzimas correspondientes. La forma activada de un ácido graso tiene su grupo carboxilo esterificado con una molécula de CoA, que dispone de un grupo tilo, en forma de acilCoA. Como quiera que ese enlace tioéster tiene una alta energía de hidrólisis (lo que se representa con el símbolo ~), el proceso de activación implica un gasto (o mejor, una inversión) de energía.

Todas las células de los mamíferos disponen de un juego de isoenzimas de acilCoA sintetasa, tanto citoplasmáticas como mitocondriales, que aseguran que cualquier ácido graso pueda convertirse en AcilCoA.

A través de un sistema de lanzadera se consigue que los ácidos grasos pasen la membrana interna de la célula, y en el que intervienen los isoenzimas palmitoil carnitina transferasa I, citoplasmática, y palmitoil carnitina transferasa II, mitocondrial. Una vez lograda la entrada de los acilos a la mitocondria, comienza su β-oxidación. Como es fácil de deducir, la carencia de carnitina, o la disfunción de las transferasas, puede suponer un grave problema patológico, especialmente en el tejido muscular. En la medicina del deporte, a veces se emplean fármacos con carnitina para acelerar la degradación de los ácidos grasos en deportistas de élite, aunque la utilidad de esta práctica sea discutible.

En la matriz mitocondrial las acilCoA sufren la consecutiva y repetida acción de cuatro enzimas (con dos enzimas adicionales, si se trata de ácidos grasos insaturados), que efectúan el ataque oxidativo al carbono β del grupo acilo. Así se puede conseguir la escisión total de cualquier acilo en unidades bicarbonadas de acetilCoA, con la producción acoplada de coenzimas reducidas.

Las dos enzimas fundamentales del proceso son dos deshidrogenasas: la primera se ubica en la propia membrana interna mitocondrial y se puede acoplar directamente a la cadena transportadora de electrones, siendo FAD su grupo prostético; la otra, presente en la matriz mitocondrial, tiene como coenzima NAD+. Cuando las enzimas actúan, producen coenzimas reducidas (FADH2 y NADH + H+, respectivamente), que pueden reoxidarse cediendo sus equivalentes de reducción.

Dichas reoxidaciones implican la fabricación neta de 4 moléculas de ATP, incluso antes de que se haya desgajado la primera unidad de acetilCoA.

En el interior de la mitocondria cada NADH + H+ equivale a 2.5 ATP y cada FADH2, a 1.5 ATP, mientras que la oxidación total de una acetilCoA genera 10 ATP. Como la obtención de una molécula de palmitoilCoA, a partir de ácido palmítico y HSCoA, consume de forma neta dos moléculas de ATP, el balance definitivo es que la oxidación total, a CO_2 y H_2O, de dicho ácido graso produce a la célula la notable cantidad de 106 moléculas de ATP. Por otra parte, globalmente la oxidación total del ácido palmítico significa la producción de 16 moles de agua por mol de ácido. Si a ello se sumase la producción de agua asociada a la obtención de ATP a partir de ADP y Pi la cantidad total se elevaría a 128 moles de agua.

El ciclo del ácido cítrico o Ciclo de Krebs es el eje central del metabolismo celular. Es la vía de entrada al metabolismo aerobio de cualquier molécula que pueda transformarse en un grupo acetilo o en un ácido dicarboxílico. El ciclo es también una fuente importante de precursores, no sólo de formas de almacenamiento de energía, sino también de los componentes para la biosíntesis de otras muchas moléculas tales como aminoácidos, nucleótidos, colesterol y porfirinas (el componente orgánico del grupo "hemo").

Se debe recordar que las moléculas energéticas son compuestos carbonados susceptibles de ser oxidados, es decir, de perder electrones. El ciclo del ácido cítrico incluye una serie de reacciones de oxidación-reducción que conducen a la oxidación de un grupo acetilo hasta dos moléculas de dióxido de carbono.

En el ciclo del ácido cítrico, un compuesto de cuatro carbonos (oxalacetato) se condensa con una unidad acetilo de dos carbonos para dar lugar a un ácido tricarboxílico de seis carbonos (citrato). Un isómero del citrato se descarboxila después oxidativamente. El compuesto resultante de cinco carbonos (a-cetoglutarato) también se descarboxila oxidativamente para producir un compuesto de cuatro carbonos (succinato). A partir del succinato se regenera el oxalacetato. Dos átomos de carbono entran en el ciclo como una unidad de acetilo y dos átomos de carbono dejen el ciclo en forma de dos moléculas de dióxido de carbono. Tres iones hidruro (por tanto, seis electrones) se transfieren a tres moléculas de nicotinamida adenina dinucleótido (NAD+), mientras que un par de átomos de hidrógeno (por tanto, dos electrones) se transfieren a una molécula de flavina adenina dinucleótido (FAD). La función del ciclo del ácido cítrico es suministrar electrones de alta energía a partir de las moléculas combustibles. Se debe tener en cuenta que el ciclo del ácido cítrico en sí mismo no genera una gran cantidad de ATP ni tampoco incluye al oxígeno como un reactante. Por el contrario, el ciclo del ácido cítrico toma electrones del acetilCoA y los utiliza para formar NADH y FADH2. En la fosforilación oxidativa, los electrones liberados en la reoxidación del NADH y del FADH2 fluyen a través de una serie de proteínas de membrana (denominada cadena de transporte de electrones) para generar un gradiente de protones a través de la membrana. Entonces estos protones fluyen a través de la ATP sintasa para producir ATP a partir de ADP y fosfato inorgánico. En el ciclo del ácido cítrico se precisa oxígeno de una forma indirecta ya que al final de la cadena de transporte de electrones es el aceptor final, necesario para regenerar el NAD+ y el FAD oxidados.

El ciclo del ácido cítrico, juntamente con la fosforilación oxidativa, aportan la mayor parte de la energía utilizada por las células aerobias (en los humanos representa más del 95% de la energía). Su eficacia es muy alta ya que un número limitado de moléculas puede generar grandes cantidades de NADH y FADH2. La molécula de cuatro carbonos, el oxalacetato, que inicia el primer paso del ciclo del ácido cítrico se regenera al final de la vuelta del ciclo. El oxalacetato actúa de forma catalítica: participa en la oxidación del grupo acetilo pero se regenera a sí mismo. Por tanto, una molécula de oxalacetato es capaz de intervenir en la oxidación de muchas moléculas de acetilo.

Una vez reducidos las correspondientes coenzimas y grupos prostéticos por el ciclo de Krebs, inmediatamente deben reoxidarse, pues si ello no ocurriese, dada su baja concentración intracelular, se agotarían y se bloquearía el ciclo. La reoxidación la realiza el oxígeno, en una serie sucesiva de etapas de componentes variados, de los cuales la mayor parte corresponde a proteínas localizadas en la membrana interna mitocondrial de las células eucariotas: la cadena respiratoria.

Para el aprovechamiento biológico el potencial del sistema el proceso redox transcurre en pequeños saltos, agrupándose los diferentes constituyentes en complejos situados en la membrana interna mitocondrial.

Al complejo I, NADH-ubiquinona reductasa, le aportan los equivalentes de reducción las deshidrogenasas del ciclo de Krebs dependientes de NAD+ (isocitrato deshidrogenasa, α-cetoglutarato deshidrogenasa y malato deshidrogenasa), u otras relacionadas con el catabolismo de los hidratos de carbono y aminoácidos (gliceraldehido 3-P deshidrogenasa, piruvato deshidrogenasa) o con el metabolismo de los lípidos (3-hidroxiacilCoA deshidrogenasa). En el complejo I participan diversas proteínas, sulfoferroproteinas y flavoproteinas. Los equivalentes de reducción sirven para reducir una molécula lipídica de la membrana, la ubiquinona (coenzima Q), hasta ubiquinol.

La ubiquinona puede moverse libremente en la membrana, pudiendo también recoger los equivalentes de reducción del complejo II, succinato-ubiqinona reductasa, procedentes de la FADH2 de la succinato deshidrogenasa del ciclo. Los equivalentes de reducción también pueden proceder de la flavoenzima acilCoA deshidrogenasa del catabolismo de los ácidos grasos.

El ubiquinol, a su vez, cede sus equivalentes de reducción al complejo III, ubiquinona-citocromo c reductasa, multiproteico, en el que participan varios citocromos de las clases b y c. El citocromo c es una pequeña proteína periférica de membrana, capaz de difundirse y facilitar la recepción y transferencia de electrones, poniéndose en contacto con el complejo IV, citocromo oxidasa, que también posee varias subunidades y citocromos de tipo a y a3, y un centro activo con cobre, siendo el oxígeno el aceptor final de los electrones.

El flujo redox a través de los intermedios de la cadena respiratoria, ubicados en la membrana interna, produce, secundariamente, un flujo de protones dirigido desde la matriz mitocondrial hacia el espacio intermembranas. Por tanto, al operar la cadena respiratoria motocondrial, se origina una diferencia de concentración de protones a ambos lados de la membrana interna, con acumulación externa, es decir, una diferencia de pH expresable como un potencial químico.

El NADH y FADH2 que se forman durante la glucólisis, la oxidación de los ácidos grasos y el ciclo del ácido cítrico son moléculas ricas en energía porque ambas contienen un par de electrones con un elevado potencial de transferencia.

Cuando se utilizan estos electrones para reducir el oxígeno molecular a agua se desprende una gran cantidad de energía libre que puede utilizarse para producir ATP. El proceso mediante el cual se genera ATP como resultado de la transferencia de electrones desde el NADH o el FADH2 al O2 a través de una serie de transportadores de electrones se denomina fosforilación oxidativa. Este proceso, que tiene lugar en la mitocondria, constituye la fuente más importante de ATP en los organismos aerobios.

La fosforilación oxidativa es sencilla desde el punto de vista conceptual y compleja desde el punto de vista de su mecanismo.

De hecho, uno de los desafíos más estimulantes de la bioquímica ha sido desentrañar el mecanismo de la fosforilación oxidativa. El flujo de electrones desde el NADH o el FADH2 hacia el O2 a través de complejos proteicos localizados en la membrana mitocondrial interna da lugar al bombeo de protones hacia el exterior de la matriz de la mitocondria. Se produce una distribución desigual de protones que genera un gradiente de pH y un potencial eléctrico transmembranal que da lugar a la fuerza protón-motriz. Cuando los protones vuelven a la matriz mitocondrial a través de un complejo enzimático se sintetiza el ATP.

Así, la oxidación de combustibles y la fosforilación del ADP están acopladas mediante un gradiente de protones a través de la membrana mitocondrial interna.

La fosforilación oxidativa constituye la culminación de una serie de transformaciones energéticas que, en conjunto, reciben el nombre de respiración celular o, simplemente, respiración. En primer lugar, el ciclo del ácido cítrico oxida combustibles carbonados y se originan electrones con un elevado potencial de transferencia. Posteriormente, esta fuerza electrón-motriz se convierte en una fuerza protón-motriz y, por último, la fuerza protón-motriz se convierte en un potencial de transferencia de grupos fosforilo. Tres bombas de protones activadas por electrones (NADH-Q oxidorreductasa, Q-citocromo c oxidorreductasa y citocromo c oxidasa) convierten la fuerza electrón-motriz en fuerza protón-motriz.

La fase final de la fosforilación oxidativa la lleva a cabo la ATP sintasa, un complejo que sintetiza ATP y que se activa por el flujo de protones de vuelta hacia la matriz mitocondrial. Durante el ciclo catalítico de este asombroso complejo enzimático se produce la rotación de algunos de sus componentes. La fosforilación oxidativa muestra de forma fehaciente que en los sistemas biológicos, los gradientes de protones constituyen una forma intercambiable de energía libre.

En las condiciones fisiológicas más habituales, el transporte de electrones se encuentra íntimamente ligado a la fosforilación. Los electrones no suelen desplazarse a lo largo de la cadena transportadora de electrones hasta el O2 a menos que al mismo tiempo el ADP se fosforile para formar ATP. La fosforilación oxidativa requiere un aporte de NADH (u otra fuente de electrones con potencial elevado), O2, ADP y Pi. El factor más importante a la hora de determinar la velocidad de la fosforilación oxidativa es el nivel de ADP. La velocidad de consumo de oxígeno por las mitocondrias aumenta notablemente cuando se añade ADP y recupera su valor inicial cuando el ADP añadido se ha convertido en ATP.

La fosforilación oxidativa esta regulada, en primera instancia, por las necesidades de ATP. Como el ATP es el producto final de la respiración celular, su concentración es quien determina en última instancia la velocidad de transferencia de todos los componentes de las rutas respiratorias. La regulación de la velocidad de la fosforilación oxidativa por el nivel de ATP recibe el nombre de control respiratorio o control por medio del aceptor. El nivel de ADP también afecta a la velocidad del ciclo del ácido cítrico, ya que éste necesita tanto NAD+ como FAD. El significado fisiológico de este mecanismo de regulación resulta evidente. El nivel de ADP aumenta a medida que se consume ATP y, por tanto, la fosforilación oxidativa está acoplada al consumo de ATP. Los electrones no se desplazan desde las moléculas combustibles hacia el O_2 a menos que se necesite sintetizar ATP. Aquí vemos otro ejemplo de la importancia de la carga energética en la regulación.

Ahora se puede calcular cuántas moléculas de ATP se forman durante la oxidación completa de la glucosa a CO_2. El número de moléculas de ATP (o GTP) que se forman durante la glucólisis y el ciclo del ácido cítrico se conoce con certeza porque está determinado por la estequiometría de las reacciones químicas. Por el contrario, la producción de ATP en la fosforilación oxidativa es más ambigua porque las estequiometrías de los procesos de bombeo de protones, síntesis de ATP y transporte de metabolitos no tienen por qué corresponder a números enteros o incluso tener unos valores determinados. Como ya se vio anteriormente, en la actualidad, las mejores estimaciones sobre el número de protones bombeados hacia el exterior de la matriz por la NADH-Q oxidorreductasa, Q-citocromo c oxidorreductasa y citocromo c oxidasa son de cuatro, dos y cuatro, respectivamente, por cada par de electrones. La síntesis de una molécula de ATP está dirigida por el flujo de aproximadamente tres protones a través de la ATP sintasa. El transporte del ATP de la matriz al citosol supone un coste adicional de un protón. Por tanto, como resultado del flujo de un par de electrones del NADH al O_2 se generan unas 2,5 moléculas de ATP citosólico. Para los electrones que se incorporan al nivel de la Q-citocromo c oxidorreductasa, como los que provienen de la oxidación del succinato o del NADH ci-tosólico, el rendimiento es aproximadamente de 1,5 moléculas de ATP por cada par de electrones. Por lo tanto, tal y como se indica en la tabla 1.2, cuando la glucosa se oxida por completo a CO_2 se forman unas 30 moléculas de ATP; este valor reemplaza al cálculo tradicional de 36

ATPs. La mayor parte del ATP, 26 de las 30 moléculas que se forman, se han originado mediante la fosforilación oxidativa. Recordemos que el metabolismo anaerobio de la glucosa produce únicamente 2 moléculas de ATP.

PROCESO	ATP producida por molécula de glucosa.
Glicólisis: Conversión de glucosa en piruvato (en el citosol):	
- Fosforilación de la glucosa.	-1
- Fosforilación de la glucosa 6-fosfato.	- 1
- Desfosforilación de 2 moléculas de 1,3-BGP.	+ 2
- Desfosforilación de 2 moléculas de fosfoenolpiruvato.	
- Se forman 2 moléculas de NADH durante la oxidación de 2 moléculas de gliceraldehído 3-fosfato.	+ 2
Conversión de piruvato en Acetil-CoA (en el interior de la mitocondria):	
- Se forman 2 moléculas de NADH.	
Ciclo del Ácido Cítrico (en el interior de la mitocondria)	
- Se forman 2 moléculas de guanosina trifosfato a partir de 2 moléculas de succinil-CoA.	+ 2
- Se forman 6 moléculas de NADH durante la oxidación de 2 moléculas de isocitrato, 2 de α-cetoglutarato y 2 de malato.	
- Se forman 2 moléculas de FADH$_2$ durante la oxidación de 2 moléculas de succinato.	
Fosforilación oxidativa (en el interior de la mitocondria):	
- 2 moléculas de NADH formadas en la glicólisis producen, cada una, 1,5 moléculas de ATP (suponiendo que lo haya transportado la lanzadera de glicerol 3-fosfato).	+ 3
- 2 moléculas de NADH formadas en la descarboxilación oxidativa del piruvato producen, cada una, 2,5 moléculas de ATP.	+ 5
- 2 moléculas de FADH$_2$ formadas en el ciclo del ácido cítrico producen, cada una, 1,5 moléculas de ATP.	+ 3
- 6 moléculas de NADH formadas en el ciclo del ácido cítrico producen, cada una, 2,5 moléculas de ATP.	+ 15
RENDIMIENTO NETO POR MOLÉCULA DE GLUCOSA	+ 30

Tabla 1.2. ATP producido por molécula de glucosa (modificado de Stryer y cols, 2004).

Por tanto, el conocimiento de las diferentes vías de aporte energético permitirá al evaluador interpretar los resultados de los diferentes test que se presentarán más adelante.

1.3. OBJETIVOS DE LA EVALUACIÓN FISIOLÓGICA

El rendimiento superior de los deportistas de hoy en día es el resultado de una compleja combinación de diversos factores. Es muy posible que el factor más importante a la hora de determinar el potencial de un deportista para destacar en su deporte sea la dotación genética, que influye, además de las características antropométricas, los rasgos cardiovasculares heredados, las proporciones de los tipos de fibras y la capacidad para mejorar con el entrenamiento. Otro factor que tiene profundo efecto sobre el rendimiento es la cantidad e idoneidad del entrenamiento previo a las competiciones. Por último, el rendimiento conseguido por un deportista en un momento dado puede estar condicionado por su estado nutricional y de salud.

El científico deportivo no puede cambiar los factores que vienen determinados por la herencia, sin embargo, puede aconsejar una estrategia de entrenamiento óptima según la dotación genética de cada deportista. El científico deportivo también puede utilizar las pruebas para controlar los progresos. Estos objetivos pueden obtenerse por medio de un programa de pruebas de laboratorio y de campo elegidas y administradas de forma adecuada (MacDougall y cols, 2000).

1.4. METODOLOGÍA DE LA EVALUACIÓN FISIOLÓGICA

Las características que conforman un programa de evaluación efectivo son (MacDougall y cols, 2000):

- Las variables evaluadas son importantes en ese deporte. A pesar de que esta afirmación pueda parecer un tanto obvia, en un pasado reciente no era nada extraño que científico, entrenador y deportista perdieran su tiempo evaluando componentes fisiológicos que tenían muy poco que ver con el deporte en el que estaban interesados o los problemas que éste planteaba. Conocemos un ejemplo en el que la batería de pruebas utilizada por un afamado laboratorio para evaluar a un grupo de lanzadores (lanzamiento de peso, disco y jabalina) consistía en la medición de la fuerza de presión de la mano, una estimación de la grasa corporal por medio de mediciones de grasa subcutánea y la potencia aeróbica máxima sobre una cinta ergométrica y de la anaeróbica máxima sobre un cicloergómetro con el protocolo de Wingate. Ninguno de los componentes evaluados estaban directamente relacionados con el deporte que practicaban estos deportistas.

- Las pruebas seleccionadas son válidas y fiables. Una prueba es válida cuando mide lo que afirma medir. Es fiable cuando los resultados son consistentes y pueden reproducirse. El científico puede llevar a cabo las pruebas que considere necesarias, pero estas pruebas no serán de mucha ayuda si no tienen la suficiente fiabilidad para reflejar cualquier cambio, por pequeño que sea, que haya experimentado el deportista de élite en un período de tiempo determinado. Del mismo modo, cabe la posibilidad de que una prueba ofrezca resultados fiables pero no tenga la validez necesaria.

- Los protocolos de las pruebas son específicos al deporte. Para que la significación práctica de los resultados de las pruebas sea óptima, el tipo de ejercicio realizado debe ser específico al deporte. Por ejemplo, si se efectúan pruebas a un nadador, una prueba de capacidad aeróbica máxima que utilice un protocolo basado en correr sobre una cinta ergométrica arrojará muy poca luz sobre el estado de entrenamiento del deportista en lo que a natación se refiere. Lo ideal sería evaluar al nadador en su elemento medio de una "piscina ergométrica". Sin embargo, ya que no todos los científicos tienen acceso a este tipo de aparatos, lo mejor que se puede hacer es evaluar la ejecución simulada de un ejercicio natatorio, como ergometría de un brazo, natación con sujeciones o ejercicios sobre un banco de natación.

En este tipo de casos, al margen de que los resultados pueden ser fiables en un grado muy alto, la validez se reduce a medida que el patrón de movimiento va diferenciándose del de la natación.

- La prueba debe ser administrada con absoluta rigidez. Una vez se hayan elegido los ejercicios, deben ser realizados de forma constante y coherente. Esto hace necesaria la estandarización de las instrucciones que reciben los deportistas, los procedimientos de práctica o calentamiento, el orden de los ejercicios y el tiempo de recuperación entre un ejercicio y el siguiente, la humedad y temperatura ambientales y los equipos y procedimientos de calibración de los mismos. Asimismo, debe quedar constancia de cualquier variable intradeportiva que pueda afectar a los resultados de la prueba, como la etapa de entrenamiento, el tiempo transcurrido desde la última competición, la hora en relación con las pruebas anteriores, el estado nutricional del deportista y otros factores como el sueño, lesiones o enfermedades, hidratación, medicación y ansiedad.

- Hay que respetar los derechos humanos del deportista. Los criterios éticos a aplicar antes de llevar a cabo una prueba incluyen una explicación completa del objetivo de la prueba y una exposición realista de los riesgos potenciales, tanto físicos como psicológicos, que implica la prueba. Asimismo, debe quedar estipulado que los resultados de las pruebas serán confidenciales.

- La evaluación debe llevarse a cabo a intervalos regulares. Puesto que uno de los principales objetivos de la evaluación consiste en controlar la efectividad del entrenamiento, las pruebas deben llevarse a cabo siguiendo las distintas etapas del mismo. Es posible que una prueba llevada a cabo de forma aislada (e incluso una prueba anual) tenga un interés potencial para el científico pero no le será de ninguna utilidad al deportista.

- El entrenador y el deportista deben recibir una interpretación directa de los resultados de las pruebas. A pesar de que este último paso es crucial, los científicos tienden a olvidarlo. Hay que comunicar al deportista los resultados de las pruebas con prontitud y en unos términos que tanto él como su entrenador puedan entender. En base a esta información hay que alterar los programas de entrenamiento para incorporar las estrategias adecuadas. Si no se lleva a cabo esta aplicación final, el resto del procedimiento de evaluación no habrá servido de nada.

Por tanto, los pasos que componen el protocolo de valoración, independientemente de las pruebas a realizar, son las siguientes:

- Elección de los parámetros relevantes para el deportista.
- Selección de las pruebas de valoración específicas.
- Establecimiento del protocolo de medición.
- Validación y/o chequeo de los instrumentos de evaluación.
- Registro de las condiciones en las que se efectúa la medición.
- Explicación inicial de las características de la valoración.
- Puesta en marcha del protocolo de medición.
- Explicación general de los resultados de la valoración.
- Elaboración del informe del deportista.
- Explicación exhaustiva de los resultados de la medición.

Una de las pruebas más comunes en la evaluación fisiológica en laboratorio es la ergometría. Según la Federación Española de Medicina del Deporte (2009) y tal y como establece la legislación española, esta prueba diagnóstica debe ser realizada por un médico, debido a que conlleva el conocimiento de unas indicaciones, unas contraindicaciones, un riesgo de complicaciones y unas causas para su detención aceptadas internacionalmente.

Las indicaciones específicas para deportistas son las siguientes (ESC Working group, 1993):

- Clase I: Valoración de deportistas con sospecha de cardiopatía o cardiopatía diagnosticada como indicación de aptitud para la práctica deportiva.
  - Clase IIa: Deportistas asintomáticos, mayores de 35 años y 2 o más factores de riesgo, como valoración de aptitud para la práctica deportiva.
  - Clase IIb: Orientación sobre el ritmo de competición en deportistas que preparan una prueba de larga duración.
- Clase III: Deportistas menores de 35 años para la detección de cardiopatía.

Igualmente la prueba de esfuerzo tiene contraindicaciones que debe valorar un médico y en todas las guías de práctica se contemplan situaciones que son causas de detención de una prueba.

- Criterios absolutos de interrupción de la ergometría:
  - Deseo reiterado del sujeto de suspender la prueba.
  - Dolor torácico anginoso progresivo.
  - Descenso o falta de incremento de la PA a pesar de aumentar la carga.
  - Arritmias severas / malignas: arritmias ventriculares o fibrilación auricular.
  - Síntomas del sistema nervioso central: mareo, síncope, ataxia.
  - Signos de mala perfusión: cianosis, palidez.
  - Mala señal electrocardiográfica, que impida correcto control.
- Criterios relativos de interrupción de la ergometría:
  - Cambios llamativos del segmento ST o QRS.
  - Fatiga, cansancio, disnea o claudicación.
  - Taquicardias no severas.

- Bloqueo de rama que simule taquicardia ventricular.

Por otra parte, una prueba de esfuerzo tiene la posibilidad de presentar complicaciones que obligan a la presencia de un médico y un equipo de resucitación cardio-pulmonar (RCP).

Aunque la ergometría es un procedimiento considerado habitualmente seguro, puede presentar un caso de fallecimiento por cada 10.000 pruebas y una complicación grave por cada 1.000 exploraciones realizadas.

Las complicaciones más frecuentes que se pueden encontrar en una ergometría son las siguientes:

- Complicaciones menores de la ergometría:
  - Arritmias supraventriculares.
  - Respuesta cronotropa inadecuada.
  - Insuficiencia contráctil de ventrículo izquierdo.
  - Extrasistolia ventricular.
  - Insuficiencia cardiaca congestiva.
  - Isquemia cerebro vascular.
  - Hipotensión arterial.

- Complicaciones mayores de la ergometría:
  - Taquicardia supraventricular asociada a cardiopatía severa.
  - Taquicardia ventricular o fibrilación ventricular.
  - Accidente cerebro vascular agudo.
  - Síncope.
  - Infarto agudo de miocardio.
  - Muerte.

1.5. OBJETIVOS DEL RECONOCIMIENTO MÉDICO-DEPORTIVO

La realización del reconocimiento médico-deportivo persigue los siguientes objetivos:

- Valoración del estado de salud del deportista. A través de este objetivo se cubren diversas necesidades: Despistaje de enfermedades, lesiones o patologías que puedan constituir un riesgo para el deportista. Detección de causas patológicas que representan algún tipo de contraindicación absoluta, relativa o temporal a la práctica deportiva. Control de las repercusiones de la actividad deportiva sobre el estado de salud del deportista y sobre el proceso de crecimiento y maduración del niño deportista.

- Detección del nivel de adaptación del deportista al esfuerzo físico. Es preciso conocer el nivel de adaptación del deportista al esfuerzo físico que se requiere para el deporte o actividad física escogida. Este objetivo se debe adaptar a las diversas etapas de evolución biológica del deportista, así como a las diversas etapas del entrenamiento. Ello permite aconsejar la práctica más adecuada a las posibilidades del atleta.

- Prevención de lesiones y enfermedades. Es necesaria la prevención de lesiones o enfermedades que pueden derivarse de ciertas anomalías, defectos físicos o insuficiencias del deportista, incluyendo la falta de condición física y la inadecuación entre el grado de maduración biológica y la actividad deportiva elegida, en el caso de los deportistas en desarrollo.

- Oportunidad de participación de deportistas con procesos patológicos. Se debe proporcionar la oportunidad de participación en actividades deportivas a personas que tengan procesos patológicos, indicándoles sus posibilidades, limitaciones y riesgos implicados.

- Cumplimiento de requisitos legales y de seguridad. Se deben cumplir los requisitos legales y de seguridad para los programas deportivos organizados.
- Establecimiento de la relación médico-enfermo. El establecimiento de la relación médico-enfermo tiene lugar cuando el deportista acude a la entrevista con el médico, con todas las implicaciones que supone. Esta relación permite aconsejar al deportista sobre temas de salud e incluso personales.

No se debe olvidar la necesidad de proporcionar al deportista toda la información sobre los datos médicos obtenidos y las recomendaciones que se deriven de los mismos.

1.6. REFERENCIAS

Aagaard P, Sahlen A, Braunschweig F. Performance trends and cardiac biomarkers in a 30 km cross-country race, 1993-2007. Med Sci Sports Exerc. 2012;44(5):894-9.

FEMEDE, OMC. Comunicado de la Federación Española de Medicina del Deporte (FEMEDE) y la Organización Médica Colegial (OMC) sobre las pruebas de esfuerzo en laboratorio. 2009 [citado 2009 01 feb]; Disponible en: http://www.femede.es

FEMEDE. Decálogo para la realización del deporte en salud. 2009 [citado 2009 01 jun]; Disponible en: http://www.femede.es

Guidelines for cardiac exercise testing. ESC Working Group on Exercise Physiology, Physiopathology and Electrocardiography Eur Heart J 1993; 14: 969-988.

Guyton A, May J. Tratado de fisiología médica. 10 ed: Mc Graw Hill - Interamericana; 2001.

Jokl P, Sethi PM, Cooper AJ. Master's performance in the New York City Marathon 1983-1999. Br J Sports Med. 2004;38(4):408-12.

Legido Arce JC, López-Silvarrey Varela FJ, Segovia Martínez JC. La condición biológica del individuo para el deporte. Manual de valoración funcional: Aspectos clínicos y fisiológicos. 2ª ed. Madrid: Elsevier; 2008. p. 354.

López J, Fernández A. Fisiología del ejercicio. Madrid: Panamericana; 2001.

MacDougall D, MacDougall D, Wenger H, Green H. Evaluación fisiológica del deportista. 2 ed. Barcelona: Paidotribo; 2000.

Stryer L, Berg J, Tymoczko J. Bioquímica. 5 ed. Barcelona: Reverté; 2004.

Thompson PD, Franklin BA, Balady GJ, et al. Exercise an acute cardiovascular events placing the risks into perspective: a scientific statement from the American Heart Association Council on Nutrition, Physical Activity, and Metabolism and the Council on Clinical Cardiology. Circulation. 2007; 115(17): 2358-68.

CAPÍTULO 2
PROCEDIMIENTOS DE VALORACIÓN FUNCIONAL EN EL DEPORTE Y EL EJERCICIO FÍSICO ORIENTADO A LA SALUD

Dr. Fco. Javier Brazo Sayavera

2.1. INTRODUCCIÓN

Nadie pone en tela de juicio la relevancia de una revisión completa a un vehículo antes de iniciar un largo viaje. Hemos de asegurarnos del perfecto funcionamiento de todos y cada uno de los elementos que integran los mecanismos de un aparato, siendo conscientes de que el mal funcionamiento de uno sólo de los elementos que lo integran, por pequeño que este sea, alterará el resultado final o peor aún, provocará un daño mayor al sistema con el uso, y tanto más grave cuanto más exijamos en términos de rendimiento a la máquina (González y Villegas, 1999). Sirva este ejemplo para comprender la importancia de conocer el perfecto estado del organismo cuando se enfrenta a la tarea física, que debe suponer un largo viaje que dure toda la vida.

La evaluación cardiovascular previa a la participación en una actividad deportiva ha sido sugerida para jóvenes deportistas con el fin de reducir el riesgo fatales situaciones relacionadas con la práctica de ejercicio físico (Corrado y cols, 2008). Así, son muchos los casos de fallecimientos que desgraciadamente hemos presenciado en el deporte en los últimos años, por lo que la realidad muestra la importancia que adquieren los reconocimientos médicos-deportivos. Por tanto, el reconocimiento médico-deportivo debería ser el punto de partida de la actividad deportiva del deportista y debería realizarse antes de su incorporación al deporte. Con este acto médico se pretenden dos objetivos primordiales: el descubrimiento de enfermedades, patologías o defectos que pudieran poner en peligro la vida del deportista y la detección de enfermedades, patologías o defectos, que una vez corregidos o tratados significarán una realización de actividad deportiva con un mayor confort y con mayor posibilidad de rendimiento.

El comité de aspectos médicos del deporte de la Asociación Médica Americana dice que todo atleta tiene derecho a una historia y evaluación clínica previa a la temporada deportiva. Estudios previos (Corrado y cols, 2006) demuestran que una sistemática implementación de evaluación preparticipación puede disminuir la incidencia de muerte súbita en jóvenes deportistas.

La mayoría de las licencias federativas para la práctica deportiva incluyen un apartado para la firma médica que confirma la realización de un reconocimiento médico.

La necesidad de realización de reconocimientos médicos previos a la práctica de cualquier actividad deportiva tiene un sentido claramente preventivo, intentando evitar el problema antes de que suceda o manejarlo adecuadamente para que cree las menores molestias posibles al deportista. La historia clínica permitirá al facultativo seguir la trayectoria del deportista y tener información para interpretar resultados de las valoraciones.

2.2. REGISTRO DE DATOS

Según la Federación Española de Medicina del Deporte (2009), la historia clínica debe ser lo más completa posible, pudiendo ser cumplimentada por los padres o tutores del niño en el caso de menores, e incluirá los siguientes apartados:

- Filiación. Datos de interés del deportista. Su utilidad es innegable, pues, además de identificar al sujeto a través del nombre y número de historia, puede recoger datos de interés como edad, fecha de nacimiento, sexo, domicilio, teléfono, fax, e-mail de contacto, fecha de exploración, etc.

- Historia deportiva:
    - Años de práctica deportiva.
    - Deporte principal.

- Deportes complementarios.
- Horas de dedicación semanal.
- Nivel de competición.

• Hábitos de interés. Para la salud y el rendimiento se considera de especial interés la conducta alimentaria. En otros casos es imprescindible conocer con mayor énfasis el uso de fármacos. También es importante conocer el posible uso de drogas, que pueden contribuir a la aparición de problemas cardiovasculares. El uso de ayudas ergogénicas debe ser tenido en cuenta.

• Antecedentes patológicos familiares. Se debe prestar especial atención a los antecedentes cardiovasculares padecidos por familiares más cercanos.

• Antecedentes patológicos del deportista:
- Enfermedades padecidas y actuales.
- Alergias.
- Vacunaciones.
- Hábitos tóxicos.
- Tratamiento que se esté tomando.
- Antecedentes quirúrgicos.
- Lesiones deportivas y sus secuelas, si las hubiera.
- Utilización de ortesis o prótesis: lentes correctoras, ortodoncias, plantillas u otras correcciones ortopédicas, rodilleras, tobilleras, vendajes funcionales...

• Sintomatología actual, especialmente la que se relacione con la práctica del ejercicio: disnea, dolor precordial, palpitaciones, síncope, etc. Una buena anamnesis realizada en un adulto de nivel cultural medio y actitud colaboradora o en un niño joven que acude con sus padres, es la parte del examen preparticipación o reconocimiento que puede proporcionar mayor información al personal sanitario.

2.2.1. EL MANTENIMIENTO DE LA CONFIDENCIALIDAD

El mantenimiento de la confidencialidad de los resultados de la evaluación es absolutamente importante para preservar la intimidad del deportista. La Asociación Médica Americana y el Concilio sobre asuntos éticos y judiciales han reafirmado la necesidad de mantener la confidencialidad de los datos médicos.

En este sentido es importante contar con una base de datos confidencial en la que se conserven los datos de las valoraciones funcionales que se realicen a fin de que no se difunda esa información y que pueda ser consultada por el responsable para recabar datos de algún deportista a petición propia y mediante los cauces legales establecidos (Dick y Steen, 1991).

2.3. VALORACIÓN DEL ESTADO DE SALUD

A pesar de la atención prestada en la prevención del riesgo en jóvenes, el riesgo de sufrir un accidente cardiovascular relacionado con el ejercicio es mayor en la mediana y avanzada edad (Thompson y cols, 2007). De esta forma, la periodicidad con la que se deben realizar estas pruebas dependerán del deportista y de la intensidad del trabajo físico que realiza:

- Adultos sanos para mejora de rendimiento físico, independientemente de su edad: Reconocimiento anual, con test ergométrico.

- Mayores de 35 - 40 años, sanos, que realizan ejercicio de moderada o baja intensidad:
  - Control médico cada 2 -5 años.
  - Pruebas complementarias cada 5 años.

- Test ergométrico: No se realiza, pero podría ser necesario en dependencia de los resultados del reconocimiento médico.

• Pacientes con factores de riesgo primarios y/o enfermedades: La realización del reconocimiento médico y tests ergométricos se planificará según la patología concreta y los objetivos del programa de actividad física.

• Adultos sanos menores de 35 años, ejercicio de moderada o baja intensidad:

    - Reconocimiento médico cada 5 años.
    - Pruebas complementarias: No se realizan si no hay cambios clínicos, ni hay cambios en el programa de actividad deportiva.

• En caso obligación legal de certificación: El reconocimiento se realizará siempre.

En todo caso, la practica de un test de esfuerzo es la base de una correcta prescripción de ejercicio físico.

Es imprescindible para los diferentes grupos anteriormente expuestos el análisis (Segovia y cols, 2008). Es recomendable un análisis de rutina que incluya hemograma y bioquímica básica. Si la historia clínica o deportiva lo aconseja, se solicitan perfiles concretos (hepático, lipídico, muscular, de sobreentrenamiento, de anemia, etc.) En deporte de alta intensidad se justifica de rutina el hemograma y el perfil férrico (ferritina).

2.3.1. LA EXPLORACIÓN CLÍNICA

2.3.1.1. EXPLORACIÓN GENERAL

- Exploración de boca, dentición y faringe.
- Exploración de oídos (otoscopia).
- Exploración de agudeza visual.

- Exploración del abdomen, sucusión renal.
- Exploración de reflejos osteotendinosos.
- Exploración de pulsos periféricos.
- Auscultación pulmonar.
- Auscultación cardiaca.
- Tensión arterial de reposo.
- Exploración de piel, adenopatías y otras alteraciones.

2.3.1.2. BALANCE MORFOESTÁTICO

Dadas las posibles repercusiones que la actividad deportiva puede tener sobre un aparato locomotor en fase de desarrollo y de crecimiento se debe prestar una especial atención a la valoración del balance morfoestático del niño y de las posibles anomalías, desviaciones y desalineaciones de estos deportistas. Se deberá efectuar estudio minucioso de las siguientes áreas:

- Exploración de la cintura escapular.
- Exploración de las extremidades superiores.
- Exploración de la columna vertebral.
- Exploración de la cadera y la cintura pélvica.
- Exploración de extremidades inferiores.
- Exploración de pies y apoyo plantar: podoscopia.

2.3.1.3. ESTUDIO ANTROPOMÉTRICO

Es necesaria una mínima valoración antropométrica que incluirá los apartados que se relacionan a continuación, reservándose estudios mas complejos para deportistas de rendimiento y que será ampliamente estudiado en otro capítulo.

- Determinación de la talla.

- Determinación del peso.
- Determinación del porcentaje de grasa corporal.
- Predicción de talla adulta.

2.3.1.4. ESPIROMETRÍA

- Determinación del FEV1.
- Determinación del FVC.
- Determinación del índice de Tiffenau.

2.3.1.5. ELECTROCARDIOGRAMA EN REPOSO

El estudio electrocardiográfico se debe realizar en el primer reconocimiento médico-deportivo. En el caso de ser normal, se recomienda la realización cada cuatro años salvo que aparezca clínica o se modifiquen las cargas de trabajo.

2.3.1.6. PRUEBA DE ESFUERZO

Una vez realizada una evaluación inicial, para realizar una valoración con un test de exigencia máxima hay que seguir las recomendaciones europeas (Borjesson y cols, 2011), que incluyen síntomas de enfermedad coronaria, presión arterial superior a 180/110, electrocardiograma que sugiera enfermedad coronaria, presencia de diversos factores de riesgo cardíaco, diabetes mellitus o una importante historia familiar de enfermedades coronarias.

Es necesaria la realización de una prueba de esfuerzo que aporte datos sobre la condición física del deportista joven.

Es suficiente la realización del test modificado de Astrand sobre banco que permite el cálculo indirecto del consumo de oxígeno y una valoración de la condición física.

Otras pruebas más complejas como la determinación del consumo de oxígeno por método directo, incluso otros métodos indirectos, escapan al contenido de este reconocimiento y se reservarán para deportistas seleccionados. Este apartado será desarrollado ampliamente en otro capítulo.

2.4. RECONOCIMIENTO MÉDICO-DEPORTIVO EN LA EDAD ADULTA Y LA TERCERA EDAD

En las ultimas décadas se ha producido un incremento del número de adultos que practican de forma más o menos regular ejercicio físico en su tiempo libre, siendo las características de éste (intensidad, duración y frecuencia) generalmente vigorosas, y en un porcentaje importante de las mismas, incluso de larga duración y/o extenuantes. Probablemente, este hecho se debe al concepto generalizado de que el ejercicio físico debe de ser muy intenso para obtener beneficios y mejorar la forma física. Frente a este "concepto" evidencias científicas recientes demuestran como el ejercicio físico moderado practicado de forma regular produce importantes beneficios. Ante ello, departamentos de salud pública de diferentes países y en el caso de España, de algunas comunidades Autónomas, están iniciando campañas de promoción de la salud mediante la promoción del ejercicio físico.

En este contexto queda claro que la prescripción del ejercicio físico debe ser realizada por profesionales de la salud (médicos), y antes debe conocerse si existen contraindicaciones médicas, así como las características del ejercicio físico que se va a realizar.

El examen previo servirá para ayudar al diagnostico de enfermedades en individuos sintomáticos o asintomáticos, valorar la capacidad cardiovascular, pulmonar y la resistencia muscular, valorar la seguridad del entrenamiento, valorar la eficacia de las intervenciones, seguir el proceso de adaptación y servir de base para la prescripción del ejercicio físico y entrenamiento.

Este examen estará dirigido a adultos que quieran conocer su estado de forma física y mejorar su rendimiento físico sea competitivo o no, adultos con factores de riesgo primarios y/o enfermedades que quieran realizar un programa de ejercicio físico reglado y adultos mayores de 35 años que vayan a realizar o que realicen ejercicio físico o deporte de forma regular.

El tipo de examen a realizar dependerá de la finalidad para la que se realice el reconocimiento médico-deportivo, así distinguiremos dos grupos:

- Examen para dar consejo del ejercicio físico.
- Examen para valoración de forma física y prescripción de ejercicio.

2.4.1. EXAMEN PARA DAR CONSEJO DEL EJERCICIO FÍSICO

Este tipo de examen tiene como objetivo conocer el estado de salud del sujeto que se somete a examen y así poder ser aconsejado en cuanto al tipo de ejercicio físico a realizar. Contiene los siguientes apartados:

- Historia médica
  - Antecedentes familiares y personales: procesos cardiovasculares y respiratorios en reposo y esfuerzo, problemas ortopédicos, lesiones...
  - Factores de riesgo cardiovascular.
  - Cirugía.
  - Hábitos tóxicos.
  - Alergias.
  - Medicación habitual.
- Historia deportiva
  - Deporte o deportes que practica.
  - Tiempo de práctica.
  - Frecuencia.
  - Intensidad.

- Duración.
- Expectativas y objetivos.
- Encuesta de alimentación.
- Examen clínico por aparatos.
  - Auscultación cardiaca.
  - Auscultación pulmonar.
  - Pulsos periféricos.
  - Tensión arterial
  - Exploración abdominal.
  - Organos de los sentidos.
- Balance morfoestático.
  - Exploración de cintura escapular.
  - Exploración de extremidades superiores.
  - Exploración de la columna vertebral.
  - Exploración de la cadera y cintura pelviana.
  - Exploración de extremidades inferiores.
  - Exploración de pies y apoyo plantar: podoscopia...
- Estudio antropométrico.
  - Determinación de la talla.
  - Determinación del peso.
  - Determinación del porcentaje de grasa corporal.
- Pruebas complementarias.
  - Electrocardiograma de reposo.
  - Espirometría basal (opcional).

- Analítica de sangre: Hemograma, colesterol, triglicéridos, glucemia (opcional).
- Valoración de la forma física.
- Mediante protocolos convencionales (Eurofit, etc.).

2.4.2. EXAMEN PARA VALORACIÓN Y PRESCRIPCIÓN DE EJERCICIO FÍSICO

Este tipo de examen tiene como objetivo valorar el nivel de condición física del sujeto y poder obtener orientaciones que sirvan para mejorarla.

2.4.2.1. PRUEBAS COMPLEMENTARIAS

Espirometría basal rutinaria.

Analítica de sangre de rutina, o bien aportar una analítica de los cinco últimos años que incluya las determinaciones señaladas anteriormente.

2.4.2.2. PRUEBA DE ESFUERZO

Se recomienda realizar una prueba ergométrica máxima tipo rectangular progresiva continua en cicloergómetro, que incluya un calentamiento de 5 a 10 minutos con una carga baja y aumentos progresivos cada 2 o 3 minutos.

Durante la ergometría se realizará monitorización electrocardiográfica durante toda la prueba y se tomará la tensión arterial al final de cada carga.

En pacientes aparentemente sanos, sin factores de riesgo y menores de 35 años, se utilizara el sistema de derivación CM5; mientras que en los mayores de 35 años y pacientes con factores de riesgo o enfermedades se utilizaran 12 derivaciones.

Al finalizar la prueba se recomienda no parar de forma brusca, sino realizar al menos 7 minutos de recuperación de forma activa, con controles de tensión arterial.

Según criterio médico y en dependencia del nivel deportivo de la persona estudiada, se podrán utilizar otro tipo de protocolos tanto en cicloergómetro como en tapiz rodante.

2.4.3. VISITAS DE SEGUIMIENTO DE DEPORTISTAS CATALOGADOS DE ALTO NIVEL

Los exámenes previos a la participación son una parte importante de la medicina deportiva. La uniformidad en los propósitos y en los formularios de estos exámenes ayudará a clarificar y mejorar la información que se obtiene para incrementar el rendimiento deportivo y reducir al mínimo los riesgos (Kibler WB, 1998). Sin embargo, esta tarea iniciada no puede quedar en este hecho. El seguimiento médico del deportista no se limita a la tradicional visita de no contraindicación para obtener su licencia anual, ni a la determinación del consumo máximo de oxígeno, ya que idealmente se debería considerar la valoración global del atleta en una unidad estructural, por un mismo equipo y de manera continuada. Todo deportista catalogado de alto nivel debe pasar tres visitas anuales. Esta visita en un centro de medicina del deporte acreditado por el Estado, reconocido por la Federación correspondiente, tiene varios objetivos (Brunet-Guedj y cols, 1997):

- Establecer un estado de salud general del deportista. Balance de las enfermedades, lesiones, examen de los diferentes aparatos con, en la mayor parte de los deportes, una especial atención a la función cardiovascular.

- Evaluar el aparato locomotor.

- Evaluar las capacidades fisiológicas basales. Consumo máximo de oxígeno, perfil de la frecuencia cardíaca y de la tensión arterial al esfuerzo, calidad de la recuperación; en los deportes puramente técnicos o de fuerza o velocidad, con una finalidad puramente médica.

- En ciertos deportes, evaluar las capacidades psicomotrices, anaerobicas, de fuerza, de velocidad gestual, muscular, reactiva, etc., de acuerdo con las exigencias federativas.
- Información sobre la lucha contra el dopaje.
- En lo que se refiere al seguimiento psicológico, es insignificante por falta de tiempo, interés y especialistas.

Cuando se evalúa a un deportista, hemos de pensar que se pretende extraer de él todo el beneficio que la actividad física pueda proporcionarle, evitando el daño de estructuras derivado del propio entrenamiento.

2.4.4. EL RECONOCIMIENTO MÉDICO-DEPORTIVO EN LA TERCERA EDAD

En ancianos activos el reconocimiento no difiere prácticamente del reconocimiento del adulto intentando que sea lo más completo posible, no obstante este tema será desarrollado más ampliamente en otro capítulo.

El Colegio Americano de Medicina Deportiva (ACSM) recomienda la ergometría a todos los varones mayores de 40 años y mujeres mayores de 50 años que estén en buen estado de salud y vayan a realizar programas de ejercicios vigorosos y en todos los ancianos con síntomas sugerentes (o existencia conocida) de enfermedades metabólicas, pulmonares o cardiovasculares y que estén planificando un programa de ejercicios moderados.

En la necesaria historia clínica, detallada y minuciosa, hay que prestar especial atención a la presencia de patologías crónicas, a la presentación atípica de estas patologías y al análisis de la medicación consumida habitualmente sobre todo en lo que se refiere a sedantes, antidepresivos, hipotensores, insulina, ADO, antihistamínicos, diuréticos, betabloqueantes, etc.

Es útil conocer los niveles de actividad del individuo para poder establecer unos objetivos de trabajo reales y adecuados a sus posibilidades.

La exploración, que es análoga a la del adulto, debe prestar especial énfasis en el análisis del grado de flexibilidad, de la situación músculo-esquelética, en la evaluación correcta del equilibrio y de la marcha, así como la exploración de la visión y de cualquier enfermedad que se pueda padecer dada la gran importancia que tendrán en el desarrollo del programa físico posterior. Es de destacar que las deficiencias en estas aptitudes pueden suponer limitaciones al desarrollo de la actividad física del anciano.

Como quiera que la mayor parte de la morbi/mortalidad relacionada con el ejercicio se asocia con una cardiopatía preexistente es imprescindible una evaluación completa de la función cardiaca que incluirá una auscultación cardiaca, toma de tensión arterial de reposo en decúbito y en ortostatismo, y la realización de un electrocardiograma de reposo de doce derivaciones.

Es preciso realizar prueba de esfuerzo, preferentemente en tapiz rodante respecto a la bicicleta ergométrica y con objeto de aportar datos sobre la situación funcional del anciano, antes que para conocer implicaciones pronósticas respecto a posible cardiopatía isquémica. Para el correcto análisis de los datos, la prueba de esfuerzo debe planificarse como de tipo máximo o limitada por criterios determinados (agotamiento, modificación del ST, arritmias, hipertensión arterial de esfuerzo, hipotensión, cuadros vagales, etc...) pues los cálculos de VO_2 máximo basados en relaciones entre frecuencia cardiaca y consumo de oxígeno resulta bastante impreciso en estos grupos de edad.

El estudio de los diversos parámetros es fundamental para la planificación de la actividad física posterior, sobre todo para determinar los niveles de carga de trabajo, la frecuencia cardiaca límite, sin olvidar las actitudes intervencionistas como tratar una hipertensión arterial de esfuerzo o una cardiopatía isquémica.

Es recomendable efectuar un control analítico que incluya: hemograma completo, colesterol, función renal, glucosa, iones y lo que se derive del análisis de la historia médica del paciente.

2.5. INFORME DE EVALUACIÓN

El informe que se emita tras la evaluación tiene que ser claro y conciso, ya que debe transmitir información al deportista y al técnico para que puedan trasladarla al programa de entrenamiento.

Podemos encontrar dos tipos de informes de evaluación, los cuales deben contener consejos médicos referidos a los hallazgos o alteraciones encontradas, que son los siguientes:

- General. Aquel que incluye datos de la historia médica y datos generales de la exploración clínica.

- Específico. Aquel que incluye datos de la exploración clínica de mayor interés para el deportista, además de un análisis de las pruebas específicas realizadas.

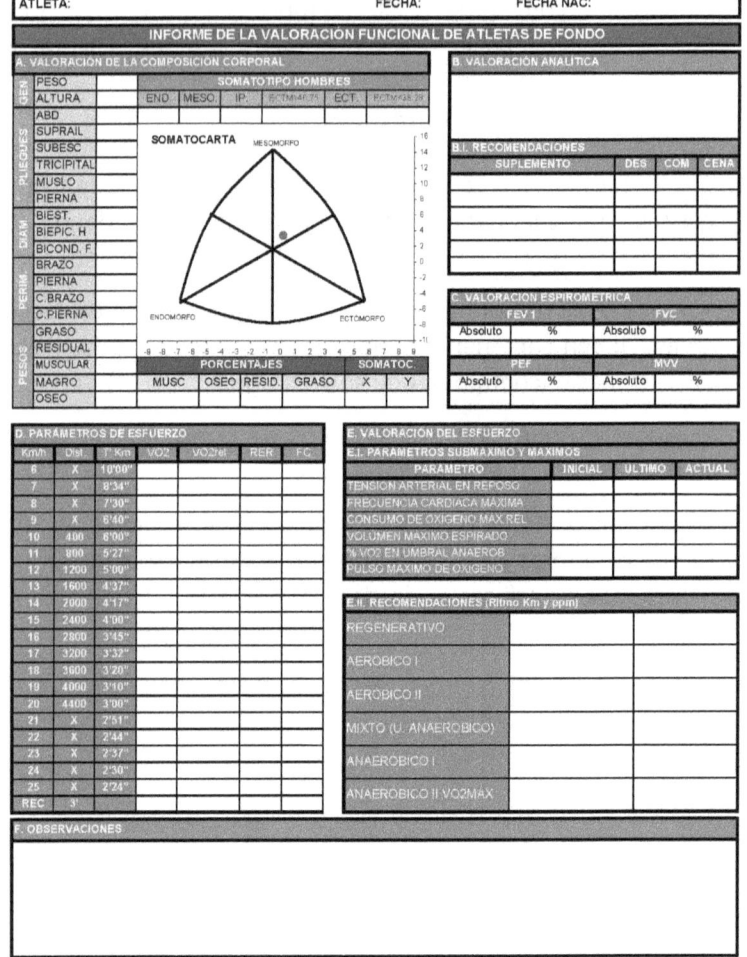

Figura 2.1. Modelo de informe de valoración funcional de atletas de pruebas de fondo.

2.6. REFERENCIAS

Borjesson M, Urhausen A, Kouidi E, et al. Cardiovascular evaluation of middle-aged/senior individuals engaged in leisure-time sport activities: position stand from the sections of exercise physiology and sports cardiology of the European Association of Cardiovascular Prevention and Rehabilitation. Eur J Cariovasc Prev Rehabil. 2011;18(3):446-58.

Brunet-Guedj E, Moyen B, Genety J, editors. Medicina del deporte. Barcelona: Masson; 1997.

Corrado D, Basso C, Pavei A, Michieli P, Schiavon M, Thiene G. Trends in sudden cardiovascular death in young competitive athletes after implementation of a preparticipation screaning program. JAMA. 2006; 296(13): 1593-601.

Corrado D, Basso C, Schiavon M, Pelliccia A, Thiene G. Preparticipation screening of youg competitive athletes for prevention of sudden cardiac death. J Am Coll Cardiol. 2008;52(24): 1981-9.

Cuppet M, Walsh K, editors. Medicina general aplicada al deporte. Madrid: Elsevier España; 2007.

Dick R, Steen E, editors. Computer-based patient record. Washington: National Academy Press; 1991.

FEMEDE. Decalogo para la realización del deporte en salud. 2009 [cited 2009 01 jun]; Available from: http://www.femede.es

González J, Villegas J, editors. Valoración del deportista. Pamplona: FEMEDE; 1999.

Kibler W, editor. Manual ACSM de medicina deportiva. Barcelona: Paidotribo; 1998.

Ortega R, editor. Medicina del ejercicio físico y del deporte para la atención a la salud. Madrid: Ediciones Díaz de Santos; 1992.

Segovia J, López-Silvarrey F, Legido J, editors. Manual de valoración funcional: Aspectos clínicos y fisiológicos. Madrid: Elsevier España; 2008.

Serra R, Bagur C, editors. Prescripción de ejercicio físico para la salud. Barcelona: Paidotribo; 2005.

Tejero M, editor. Documentación clínica y archivo. Madrid: Ediciones Díaz de Santos; 2004.

Thompson PD, Franklin BA, Balady GJ, et al. Exercise an acute cardiovascular events placing the risks into perspective: a scientific statement from the American Heart Association Council on Nutrition, Physical Activity, and Metabolism and the Council on Clinical Cardiology. Circulation. 2007; 115(17): 2358-68.

CAPÍTULO 3.
EVALUACIÓN ANTROPOMÉTRICA

Dr. Guillermo J. Olcina Camacho

3.1. INTRODUCCIÓN

La evaluación de la composición corporal y las medidas antropométricas es un elemento de importancia en el mundo de las Ciencias del Deporte. La información que se puede obtener resulta relevante de cara a múltiples ámbitos como pueden ser el control del entrenamiento deportivo, la investigación aplicada, la detección de talentos, etc.

Las herramientas para el estudio de la composición corporal son variadas y entre ellas se pueden encontrar algunas realmente accesibles, económicas y no invasivas de tal modo que permitan a los licenciados en Ciencias de la Actividad Física y el Deporte y demás personas relacionadas con el ámbito su uso profesional.

Así pues, se presenta en este capítulo una serie de directrices básicas e información que permite evaluar la composición corporal y determinar las medidas antropométricas en diversos grupos de población de una forma sencilla, aplicable y eficaz gracias al uso de técnicas cineantropométricas.

3.2. MARCO TEÓRICO

3.2.1. CONCEPTO

Según la definición dada por el diccionario de la Real Academia de la Lengua Española, el término antropometría procede de "antropo" y "metría", cuyo significado es el "tratado de las proporciones y medidas del cuerpo humano".

No obstante, para encontrar una definición un poco más amplia y relacionada con las Ciencias del Deporte, se ha de hacer referencia al término Cineantropometría, entendido entre sus múltiples definiciones como el "estudio del tamaño, forma, proporcionalidad, composición, maduración biológica, y función corporal; con objeto de entender el proceso del crecimiento, el ejercicio y el rendimiento deportivo, y la nutrición".

De este modo la Cineantropometría sirve como una herramienta al servicio del profesional del ámbito deportivo que permite estudiar la interacción entre los cambios en la composición corporal y las diversas variables relacionadas con la actividad física y el deporte. Asimismo, funciona como un sistema de control que permitirá explicar parte de las adaptaciones sufridas por el deportista. De este se podrá reconducir el proceso de entrenamiento deportivo con el objetivo final de lograr la meta deseada.

En cuanto a organizaciones o grupos de trabajo en relación con la Cineantropometría, como más significativas se pueden citar el International Working Group in Kinanthropometry (IWGK) fundado en 1978, la International Society of the Advancement of Kinanthropometry (ISAK) fundada en 1986; o el Grupo Español de Cineantropometría (GREC) fundado en 1987.

3.2.2. METODOLOGÍA

A la hora de estudiar la composición corporal, se presentan una serie de interrogantes, ¿qué métodos puedo utilizar?, ¿cuáles son más fiables?. Pues bien, principalmente se disponen de tres opciones metodológicas.

En primer lugar se encuentran los métodos directos. Éstos se basan en la disección y análisis de cadáveres con el fin de estudiar las medidas y proporciones humanas. A pesar de ser los métodos con mayor exactitud y validez, presentan evidentes limitaciones para su desarrollo "in vivo". Por ejemplo, para medir la longitud de un fémur, se extrae de un cadáver y se estima su longitud mediante una cinta métrica.

En segundo lugar y como alternativa a los métodos directos, se utilizan los métodos indirectos. Éstos permiten calcular cualquier parámetro antropométrico basándose en la medida de otro. Por ejemplo, para calcular la densidad corporal se utilizan las medidas de la masa y del volumen, aplicando la relación existente entre ellas:

Por último están los métodos doblemente indirectos, que son aquellos basados en métodos indirectos y a su vez también fundamentados en cálculos y estudios estadísticos. Son los menos fiables, pero a la vez los más económicos y factibles de aplicar. La antropometría se incluye dentro de este apartado, pues relaciona determinados parámetros con datos resultantes de la densidad corporal permitiendo así desarrollar ecuaciones que podrán ser aplicadas a otras poblaciones mediante la adquisición solamente de ciertas medidas. Por ejemplo, el uso de los pliegues cutáneos para determinar el porcentaje graso o el uso de los diámetros óseos para determinar el porcentaje óseo.

No obstante, en los últimos años la ciencia y tecnología ha ido desarrollando instrumentales que permiten analizar la composición corporal con relativa sencillez, aunque en algunos casos el coste sea muy elevado. Ejemplos de estas metodologías son el DEXA o la bioimpedancia eléctrica.

3.2.3. OBJETIVOS Y UTILIDADES

El uso de la Cineantropometría en el ámbito deportivo puede ser muy útil tanto en los procesos de selección de talentos como en los procesos de control del entrenamiento deportivo.

La tipificación de deportistas según sus proporciones corporales o su somatotipo permite que existan valores de referencia para poder identificar en qué tipo de deportes puede una persona tener una mayor tasa de éxito.

Por otra parte, los controles antropométricos realizados al final de los distintos periodos de entrenamiento (mesociclos, macrociclos) ayudarán a comprender como han sido las adaptaciones del trabajo físico realizado. En este sentido tampoco se puede olvidar la importancia del control a largo plazo de un deportista, sobre todo cuando está en fase de formación y los cambios en su composición corporal determinados tanto por aspectos relacionados con el entrenamiento como con la maduración biológica.

Así pues, como aplicaciones prácticas o utilidades de la Cineantropometría se pueden indicar las siguientes:

- Control de los efectos del entrenamiento a corto plazo.
- Control de los efectos del entrenamiento a largo plazo.
- Evaluación del estado de forma deportiva
- Tipificación de deportistas.
- Detección de talentos.
- Desarrollo de investigación aplicada a las Ciencias del Deporte.
- Control de los efectos de una terapia nutricional y dietética.
- Establecer parámetros de referencia para poblaciones deportivas.
- Materiales, medidas antropométricas y protocolos.

3.3. MATERIALES, MEDIDAS ANTROPOMÉTRICAS Y PROTOCOLOS

3.3.1. MATERIALES UTILIZADOS PARA LA VALORACIÓN ANTROPOMÉTRICA

Para la valoración Cineantropométrica es necesario el uso de un determinado material homologado, preciso y calibrado que permita realizar con exactitud y precisión determinadas mediciones.

Dentro del material más relevante, se encuentra el siguiente:

- Tallímetro: escala métrica horizontal que permita determinar la talla del sujeto, ya sea de pie o sentado. La unidad de medida puede ser en metros o centímetros y debe tener una precisión de 1 mm.

- Báscula: instrumento que permite determinar el peso del sujeto. La unidad de medida son los kilogramos y se requiere una precisión de 100 gramos.

- Cinta antropométrica: cinta métrica utilizada para la determinación de perímetros. Ésta debe ser flexible y no metálica, de tal modo que se adapte perfectamente al perímetro estudiado. La unidad de medida son centímetros con una precisión de 1 mm. Es recomendable que la escala métrica se ubique a ambos lados de la cinta.

- Paquímetro: instrumento similar al "pie de rey" que permite determinar diámetros óseos. Su escala es en centímetros con una precisión de 1 mm.

- Plicómetro: instrumento utilizado para medir el grosor de los pliegues cutáneos adiposos. Su escala métrica es en milímetros con una capacidad de 0-48mm. La precisión debe ser de 0.2 mm.

- Software informático: aunque no es imprescindible si es recomendable un software que facilite, registre o almacene las medidas y cálculos cineantropométricos deseados.

Figura 3.1 Material antropométrico diverso

3.3.2. PROTOCOLOS DE MEDICIÓN

Con objeto de estandarizar y optimizar la evaluación cineantropométrica, se ha de ser cuidadoso con determinados aspectos a la hora de llevar a cabo los distintos protocolos de valoración. Para ello se puede tomar como referencia unas pautas establecidas por International Working Group of Kinanthropometry y seguidas por el Grupo Español de Cineantropometría (GREC).

Las recomendaciones son las siguientes:

- La sala donde se realizará la exploración deberá ser confortable y con una temperatura adecuada para el paciente.

- El sujeto deberá llevar la menor ropa posible, siempre que no se ofenda su intimidad personal. En este caso sería recomendable ropa deportiva.

- Los instrumentos de medición deberán estar en perfecto estado y calibrados.

- Todas las medidas se tomarán en el lado derecho del cuerpo, aunque no sea el lado predominante.

- En la evaluación del sujeto se seguirá una secuencia de arriba a abajo.

- Los instrumentos de medida se aplicarán con suavidad sobre la piel.

- El evaluador no deberá ofender la intimidad del estudiado.

- En estudios a lo largo del tiempo, es importante tener en cuenta la hora del día en que se realizan las mediciones.

- El sujeto partirá de la "posición antropométrica". Similar a la posición anatómica, sólo que con las palmas de las manos orientadas hacia los muslos.

3.3.3. MEDIDAS ANTROPOMÉTRICAS

Existen distintas medidas antropométricas, algunas de ellas nos ofrecen un dato directo, como por ejemplo el peso. Otras de ellas son utilizadas en ecuaciones para obtener datos indirectos, como puede ser el uso de los pliegues cutáneos para el cálculo del porcentaje graso.

A continuación se detallan las principales medidas antropométricas así como la forma de realizar su determinación.

- Peso. Es el peso del sujeto expresado en kilogramos. Para determinarlo la persona examinada debe mantenerse estática sobre la balanza sin ningún tipo de contacto con elementos externos.

- Talla. Es la distancia del sujeto existente entre la planta de sus pies y el punto más alto de su cabeza. Se expresa en centímetros o metros. Para su determinación se requiere el uso de un tallímetro ubicando al sujeto de espaldas al mismo, erguido y realizando la determinación tras una inspiración profunda del sujeto.

- Envergadura. Es la distancia existente entre los extremos de los dedos medio de un sujeto, expresada en centímetros o metros. Para su determinación se coloca a la persona erguida y con los brazos en abducción formando un ángulo de 90º con el tronco. Con una escala métrica o cinta antropométrica se determina la envergadura del sujeto.

- Pliegues Cutáneos. Los pliegues cutáneos permiten valorar la cantidad de tejido adiposo subcutáneo gracias al uso de un plicómetro. El grosor del pliegue es expresado en milímetros. Para su determinación se coge el pliegue en cuestión con los dedos índice, medio y pulgar de una mano a modo de pinza, las ramas del plicómetro se ubican a un centímetro de los dedos que sujetan el pliegue y la lectura correcta es aquella que indica la aguja del plicómetro una vez estabilizada. No se ha de coger tejido muscular, tan sólo adiposo y tampoco es recomendable soltar el pliegue cutáneo cuando éste está sujeto por las ramas del plicómetro. Se recomienda realizar dos o tres mediciones seguidas del mismo pliegue para garantizar una correcta toma del mismo. Los pliegues cutáneos más comunes y de mayor utilidad son los siguientes:

- Abdominal: tomado a la derecha de la cicatriz umbilical, en sentido vertical.

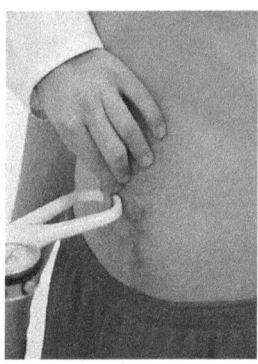

Figura 3.2 Pliegue Abdominal.

- Suprailíaco: ubicado en el punto de corte formado por la línea del borde superior del íleon y una línea que uniría la espina iliaca antero – superior con el borde axilar anterior. El pliegue se toma medialmente hacia abajo formando un ángulo de 45 º con la horizontal.

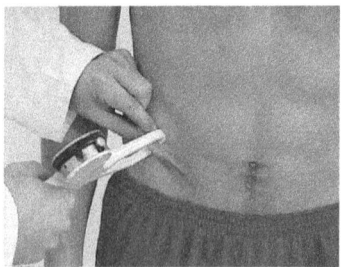

Figura 3.3 Pliegue suprailíaco.

- Tricipital: ubicado en la parte posterior del brazo, en el punto medio acromio – radial. La dirección del pliegue es vertical.

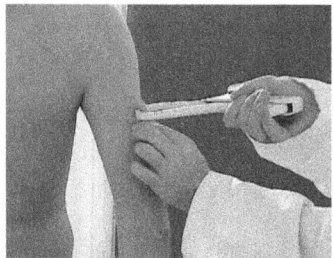

Figura 3.4 Pliegue tricipital.

- Subescapular: situado justo debajo del pico inferior de la escápula en dirección oblicua hacia abajo y hacia fuera, con una angulación de 45° respecto la horizontal.

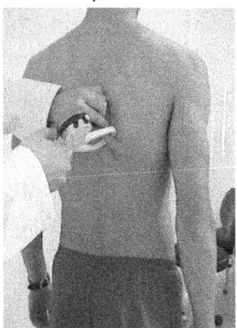

Figura 3.5 Pliegue subescapular.

- Muslo: tomado en la parte anterior del muslo, a la mitad del segmento en dirección vertical, con el sujeto sentado con una flexión de rodilla de 90° y los pies apoyados en el suelo.

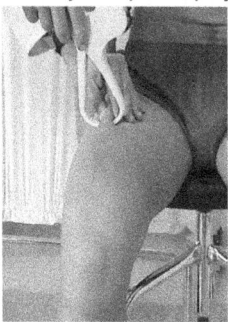

Figura 3.6 Pliegue del muslo.

- Pierna: tomado en la parte medial de la pierna donde ésta alcance su máxima circunferencia. El pliegue tendrá una dirección vertical.
- Bíceps: ubicado en el punto medio de la parte anterior del brazo. El pliegue tendrá una dirección vertical.
- Pectoral: situado en la línea axilar-pezón, proximal al faldón axilar y oblicuo hacia abajo.

• Diámetros. Son las distancias existentes entre dos puntos anatómicos. Para su determinación se utiliza el paquímetro o en caso de distancias mayores se puede recurrir a un antropómetro. Para realizar las pedidas se ubican las ramas del paquímetro sobre los puntos anatómicos ejerciendo una ligera presión. Los diámetros más comunes y de mayor utilidad son los siguientes:

- Bicondíleo de fémur: distancia entre el cóndilo medial y lateral del fémur. Las ramas del paquímetro ubicadas hacia abajo en la bisectriz del ángulo formado por la rodilla, en este caso 90°.
- Biestiloideo: distancia entre las apófisis estiloides del cúbito y el radio. Las ramas del paquímetro se ubican hacia abajo en la bisectriz del ángulo formado por la muñeca, en este caso 90°.

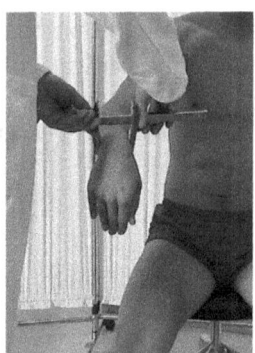

Figura 3.7 Diámetro biestiloideo.

- Biepicondíleo del humero: distancia entre el epicóndilo y epitroclea del húmero. Las ramas del paquímetro ubicadas hacia arriba en la bisectriz del ángulo formado por el codo, en este caso 90°.

- Perímetros. Los perímetros son medidas del contorno de un segmento corporal medido en cm. Para su determinación se recurre al uso de una cinta antropométrica que se adapte con facilidad al perímetro a medir. La cinta no debe comprimir los tejidos blandos y el lugar de medición será aquel donde ésta se junte sobre si misma. Los perímetros más comunes y de mayor utilidad son los siguientes:

  - Pecho: medida de la circunferencia que rodea al tórax a nivel de la cuarta articulación condroesternal. El sujeto elevará sus brazos de tal modo que el evaluador pueda colocar la cinta alrededor del tórax perpendicular al eje longitudinal del cuerpo. La medida se toma al final de una espiración normal.

  - Cintura: medida de la circunferencia del abdomen en el punto medio de la distancia entre el borde costal y cresta ilíaca. Debe coincidir con el menor perímetro del tronco.

  - Cadera: medida del perímetro en el mayor nivel de la circunferencia glútea, justo por encima de la sínfisis púbica.

  - Muslo 1: medida de la circunferencia del muslo tomado 1 centímetro por debajo del pliegue glúteo.

  - Muslo 2: medida de la circunferencia del muslo tomado en el punto medio trocantéreo-tibial.

  - Pierna: medida de la circunferencia de la pierna tomada al máximo nivel del perímetro de ésta.

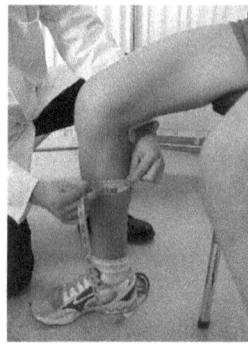

Figura 3.8 Perímetro de la pierna.

- Brazo relajado: medida de la circunferencia del brazo tomada en el punto medio de la distancia acromio-radial.

- Brazo contraído: medida de la circunferencia del brazo en su máximo perímetro tomada con el brazo contraído voluntariamente en flexión de codo.

3.4. CÁLCULO DE LA COMPOSICIÓN CORPORAL

La cineantropometría permite el cálculo de la composición corporal basándose en métodos doblemente indirectos, tal y como se explica al principio de este capítulo. Así pues y con las mediciones descritas es posible calcular la composición corporal de una persona separada en cuatro componentes mediante la aplicación de diversas ecuaciones matemáticas.

Los componentes que se pueden extrapolar de las medidas antropométricas son:

- Componente graso.
- Componente muscular.
- Componente óseo.
- Componente residual.

Estos métodos doblemente indirectos, conllevan un determinado error y no son tan exactos como los métodos directos, por tanto podrían ser cuestionados para diagnosticar con exactitud, sin embargo si son muy útiles para evaluar o controlar a lo largo del tiempo comparando diferentes resultados, puesto que el error de determinación que conllevan los métodos doblemente indirectos es estable de una medida a otra.

Otro aspecto a tener en cuenta, son las distintas ecuaciones que se utilizan para la determinación de la composición corporal. Dependiendo del tipo de población o el autor de referencia es posible encontrar multitud de ellas, sin embargo es fundamental conocer con cual de ellas se trabaja, sobre todo cuando se pretende comparar datos de diferentes sujetos o mediciones, ya que el uso de una ecuación u otra puede dar resultados en la composición corporal distintos en un mismo sujeto con las mismas medidas antropométricas.

3.4.1. COMPONENTE GRASO

Para la determinación del componente graso son necesarias las siguientes medidas antropométricas:

- Peso.
- Pliegue abdominal.
- Pliegue suprailíaco.
- Pliegue tricipital.
- Pliegue subescapular.
- Pliegue del muslo.
- Pliegue de la pierna.

Una vez obtenidos estos datos, se aplica la ecuación propuesta por Yuhasz que nos permitirá calcular el porcentaje graso del sujeto, existiendo una fórmula para el cálculo en varones y otra para el cálculo en mujeres.

Las ecuaciones son las siguientes:

% Graso (hombres): 3,64 + (suma 6 pliegues cutáneos x 0,097)

% Graso (mujeres): 4,56 + (suma 6 pliegues cutáneos x 0,143)

Género	Sedentarios	Deportes de Resistencia	Deportes de equipo
Hombres	15-30 %	7-11 %	9-15%
Mujeres	25-40 %	12-18 %	16-24%

Tabla 3.1. Valores de referencia del porcentaje graso (técnicas antropométricas)

Si se desea calcular el peso en kilogramos que posee una persona de tejido graso, simplemente habría que calcularlo mediante la siguiente fórmula:

Peso Graso (kg): (Peso total x % graso) / 100

Como se puede apreciar, el factor que va a influir en la determinación del porcentaje graso son los pliegues cutáneos. Es por ello por lo que muchos antropometrístas utilizan también el dato de la suma de diversos pliegues cutáneos para evaluar el componente graso en sustitución de la aplicación de una determinada ecuación, ya que puede conllevar a errores al compararla con otros sujetos cuya determinación del componente graso fuese calculada con una ecuación distinta.

3.4.2. COMPONENTE ÓSEO

Para la determinación del componente óseo son necesarias las siguientes medidas antropométricas:

- Peso.
- Talla.
- Diámetro biestiloideo.
- Diámetro bicondíleo del fémur.

El peso óseo se calcula a través de la ecuación propuesta por Von Dobeln y Rocha.

Peso óseo = 3,02 x (Talla^2 x D. Biestiloideo x D. Bicondíleo Femur x 400) x 0,712

Para determinar el porcentaje óseo, tan solo se ha de calcular cuanto corresponde porcentualmente el peso óseo frente al peso corporal total.

% Óseo: (Peso óseo x 100) / Peso total

3.4.3. COMPONENTE RESIDUAL

El componente residual hace referencia al conjunto de órganos, vísceras, etc. Para su determinación se considera un porcentaje fijo tanto para hombres como para mujeres según la ecuación de Wurch.

- Porcentaje residual para hombres 24,1 %
- Porcentaje residual para mujeres 20,9 %

Si se desea calcular el peso en kilogramos correspondiente al componente residual, simplemente habría que calcularlo mediante la siguiente fórmula:

Peso Residual (kg): (Peso total x % residual) / 100

3.4.4. COMPONENTE MUSCULAR

El porcentaje del peso muscular o el peso muscular se determina mediante la diferencia entre el peso / porcentaje total y el resto de pesos / porcentajes: óseo, residual y graso.

Ficha Antropométrica. La ficha antropométrica es el lugar donde se registran los datos y medidas del sujeto a estudiar. Se puede diseñar esta ficha en función de las necesidades del estudio, siendo recomendable que existan los siguientes apartados de cara a la colección de información:

- Datos personales y deportivos del sujeto.
- Medidas antropométricas a realizar.
- Resultados y conclusiones de la evaluación antropométrica.

Aunque el diseño de esta ficha no ofrece ningún tipo de restricciones y es personal, en anexo se propone un ejemplo que recoge todas las medidas y cálculos desarrollados en este capítulo.

3.5. EL SOMATOTIPO

3.5.1. DEFINICIÓN

El somatotipo es definido como la configuración morfológica de un individuo expresada de forma numérica. También es conocido como el biotipo y viene determinado por factores tanto endógenos como exógenos que a continuación se detallan:

- Edad cronológica.
- Género.
- Maduración biológica.
- Grado de entrenamiento.
- Alimentación.
- Factores ambientales.

3.5.2. DETERMINACIÓN DEL SOMATOTIPO

Para el cálculo del somatotipo es necesario realizar una serie de medidas antropométricas que a continuación se detallan:

- Talla (cm)
- Peso (kg).
- Pliegue tricipital (mm)
- Pliegue subescapular (mm)

- Pliegue suprailíaco (mm)
- Pliegue de la pierna (mm)
- Diámetro biepicondíleo húmero (cm)
- Diámetro bicondíleo del fémur (cm)
- Perímetro corregido del brazo (cm)
- Perímetro corregido de la pierna (cm)

El perímetro corregido se calcula restando al perímetro, el pliegue cutáneo correspondiente expresado en cm.

Con estas medidas y a través de una serie de cálculos, se obtendrán tres componentes que configurarán el somatotipo del individuo:

- 1º componente: endomorfía, referido a la cantidad de grasa. Para su cálculo se aplica la siguiente ecuación propuesta por Carter.

$$\text{Endomorfía} = -0{,}7182 + 0{,}1451X - 0{,}00068X^2 + 0{,}0000014X^3$$

Siendo X la suma de los pliegues tricipital, subescapular, y suprailíaco. Los valores de referencia de la endomoría deben estar entre el intervalo de 1-14.

- 2º componente: mesomorfía, referido al desarrollo muscular. Para su cálculo se aplica la siguiente ecuación propuesta por Carter.

$$\text{Mesomorfía} = 0{,}858H + 0{,}601F + 0{,}188\,B + 0{,}161P - 0{,}131E + 4{,}5$$

Siendo:

H= diámetro biepicondíleo del húmero

F= diámetro bicondíleo del fémur

B= perímetro corregido del brazo

P= perímetro corregido de la pierna

E= estatura del individuo.

Los valores de referencia de la mesomorfía deben estar entre el intervalo de 1-10.

- 3º componente: ectomorfía, referido al predominio de medidas longitudinales sobre transversales. Para su cálculo es necesario conocer previamente el índice ponderal, que según su resultado dará 3 opciones para utilizar una determinada ecuación que calcule el componente ectomórfico.

El índice ponderal (IP) se obtiene de la siguiente manera:

IP= estatura / $\sqrt{Peso}$

Si el índice ponderal es mayor de 40,75, la ectomorfía se calculará del siguiente modo:

(IP x 0,732) - 28,58

Si el índice ponderal está entre el intervalo de 40,75 - 38,28 la ectomorfía se hallará del siguiente modo:

(IP x 0,463) − 17,63

Si el índice ponderal es menor o igual que $\leq$ 38,28, la ectomorfía tendrá el valor mínimo de 0,1.

Los valores de referencia de la ectomorfía deben estar entre el intervalo de 0.5-9

3.5.3. LA SOMATOCARTA

La somatocarta es la representación gráfica de los componentes que define el somatotipo en un triángulo equilátero de lados curvos representado sobre unas coordenadas X e Y. Dicho triángulo es conocido como el triángulo de Reuleaux.

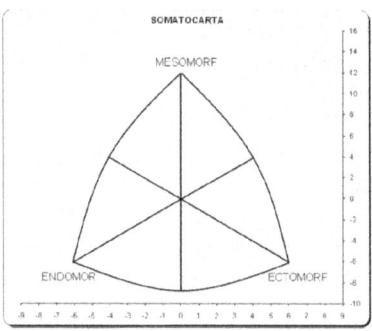

Figura 3.9. Somatocarta escalada.

Las coordenadas X e Y se calculan del siguiente modo:
X= III-I
Y= 2II - (III+I)
Siendo I, II y III los componentes que definen el somatotipo:
I = Componente endomorfo
II = Componente mesomorfo
III = Componente ectomorfo

3.5.4. CLASIFICACIÓN DE LOS SOMATOTIPOS

Dentro de la somatocarta, el componente endomórfico se situaría en la parte izquierda del triángulo, el componente mesomórfico en la parte superior y el componente ectomórfico en la parte derecha.

En función del punto donde se ubique el sujeto en la somatocarta, tras el cálculo de las coordenadas X e Y, se clasificará su somatotipo como endomórfico, mesomórfico, ectomórfico, central o una combinación de los mismos.

3.6. REFERENCIAS

Bayios IA, Bergeles NK, Apostolidis NG, Noutsos KS, Koskolou MD. Anthropometric, body composition and somatotype differences of Greek elite female basketball, volleyball and handball players. J Sports Med Phys Fitness. 2006 Jun;46(2):271-80.

Esparza F. Manual de Cineantropometría. Navarra: Grupo Español de Cineantropometría - FEMEDE, 1993.

Gualdi-Russo E, Zaccagni L. Somatotype, role and performance in elite volleyball players. J Sports Med Phys Fitness. 2001 Jun;41(2):256-62.

Heyward V, Stolarczyk L. Applied body composition assessment. Champaign: Human Kinetics, 1996.

Jackson AS, Pollock ML. Generalized equations for predicting body density of men. Br J Nutr. 1978 Nov;40(3):497-504.

Lohman T. Advances in body composition assessment. Champaign: Human Kinetics, 1992.

Lucia A, Hoyos J, Chicharro JL. Physiology of professional road cycling. Sports Med. 2001;31(5):325-37.

MacDougall J, Wenger H, Green H. Physiological testing of the high-performance athlete. 2º ed. Champaign: Human Kinetics, 1990

Malousaris GG, Bergeles NK, Barzouka KG, Bayios IA, Nassis GP, Koskolou MD. Somatotype, size and body composition of competitive female volleyball players. J Sci Med Sport. 2008 Jun;11(3):337-44.

Roche A, Heymsfield S, Lohman T. Human Body Composition. Champaign: Human Kinetics. 1998

Tsunawake N, Tahara Y, Moji K, Muraki S, Minowa K, Yukawa K. Body composition and physical fitness of female volleyball and basketball players of the Japan inter-high school championship teams. J Physiol Anthropol Appl Human Sci. 2003 Jul;22(4):195-201.

Ziv G, Lidor R. Physical attributes, physiological characteristics, on-court performances and nutritional strategies of female and male basketball players. Sports Med. 2009;39(7):547-68.

CAPÍTULO 4
EVALUACIÓN AERÓBICA

Dr. Rafael Timón Andrada

4.1. INTRODUCCIÓN

Antes de comentar las diferentes pruebas de valoración parece necesario dar unas nociones básicas pero importantes sobre el concepto de resistencia, sus diferentes tipos y los factores de los que depende. Se trata de una de las capacidades básicas que es preciso mantener y desarrollar en todos los individuos, dada su importancia tanto en el terreno de la salud como en el del rendimiento. La resistencia será la cualidad que permitirá al deportista una realización técnica y física perfecta durante todo el tiempo que dure la actividad.

En este sentido varios autores han elaborado diferentes definiciones:

"Capacidad psíquica y física que posee un deportista para resistir la fatiga" (Weineck, 1992)

"Capacidad de soportar la fatiga estableciendo un equilibrio entre la asimilación y el gasto o aprovechamiento de oxígeno "(Jonath, 1992).

El Colegio Americano de Medicina Del Deporte (1995) utiliza el término resistencia cardiorrespiratoria para definir la resistencia aeróbica como la capacidad de realizar un ejercicio con la activación de grandes grupos musculares, a intensidad moderada o alta, durante un prolongado espacio de tiempo.

No obstante también se puede hablar de resistencia psicológica frente a la competición, superar el miedo al fracaso, a la derrota o al ridículo. Otro término utilizado es resistencia biológica, entendida como la capacidad que preserva al individuo de contraer enfermedades y le permite recuperarse de las mismas.

Finalmente decir que en función sea la resistencia al tipo de actividad que se realiza, podemos hablar de resistencia muscular o resistencia a la velocidad, pero estos son aspectos que son analizados en otra parte de la obra. En el apartado que nos ocupa nos centraremos fundamentalmente en la resistencia cardiorrespiratoria y en su valoración.

4.1.1. TIPOS DE RESISTENCIA

Podemos distinguir varios tipos, en función del criterio que escojamos para su clasificación. En primer lugar, podemos hablar de resistencia local o central:

- Resistencia local o muscular; va referida a cuando el trabajo es realizado por grupos musculares que representan menos del 20 % del total del peso corporal y la fatiga aparece por incapacidad muscular y no por incapacidad cardiorrespiratoria.

- Resistencia central; se refiere a cuando al trabajo es realizado por una gran parte del cuerpo y el aparato cardiorrespiratorio aparece como un elemento fundamental.

Otros autores hablan de resistencia general y resistencia especial:

- Resistencia general; es la que no se refiere a una actividad concreta. Un individuo goza de buena resistencia general si no se fatiga precozmente, cuando es capaz de correr un rato, de nadar, de soportar un partido de baloncesto, pudiendo continuar su actividad cotidiana sin que al poco tiempo tenga que resentirse del esfuerzo realizado.

- Resistencia especial; es la que se refiere a una actividad concreta, así, un corredor de maratón se fatigará mucho más que un tenista al jugar un partido de tenis.

En función de la vía energética predominante, podemos hablar de resistencia aeróbica o anaeróbica (láctica o aláctica). Esta división va referida respecto a la mayor o menor utilización del oxígeno para la obtención de energía. Estos dos tipos de resistencia no pueden considerarse compartimentos estancos, sino que están íntimamente relacionados entre sí. La investigación en fisiología del esfuerzo ha hecho matizar mucho más esta clasificación de la resistencia. Según la participación mayor o menor en un esfuerzo de la vía aeróbica o anaeróbica se da origen a nuevas subdivisiones de esta cualidad; podríamos hablar de capacidad o potencia. Mishchenko y Monogarov (1995) se refieren a la capacidad como la cantidad total de energía de que se dispone en una vía metabólica, mientras que hablan de *potencia* para indicar la mayor cantidad de energía por unidad de tiempo que puede producirse a través de una vía energética. En este sentido podemos diferenciar entre:

- Capacidad aeróbica; Se trabaja a ritmo lento (120 – 140 pul/min), llegando oxígeno suficiente al músculo como para no tener que utilizar la vía anaeróbica. No hay acumulación de ácido láctico.

- Potencia aeróbica; Se trabaja al límite de las posibilidades aeróbicas y comienza a tener protagonismo la energía proveniente de la vía anaeróbica láctica. El ritmo cardíaco puede llegar hasta el 80- 85 % de las pulsaciones máximas. Las cantidades de ácido láctico producidas pueden ser eliminadas del músculo. Aún no se ha superado el umbral anaeróbico, también llamado umbral de lactato, (concepto utilizado en el mundo del deporte para valorar la intensidad o frecuencia cardiaca en la que la concentración de ácido láctico produce acidosis metabólica con las consecuentes alteraciones en el intercambio respiratorio).

- Capacidad anaeróbica láctica; Si se aumenta la intensidad y la duración de los ejercicios anteriores, comienza a haber problemas para metabolizar el ácido láctico producido y se comienza a acumular fruto del déficit de oxígeno. Las pulsaciones se acercan a las máximas y el esfuerzo no se puede mantener durante mucho tiempo. Se ha superado el umbral anaeróbico.

- Potencia anaeróbica láctica; Las pulsaciones llegan al máximo y la acumulación máxima de ácido láctico limita la continuación del trabajo. Viene a representar la tolerancia del deportista al ácido láctico.

- En un caso real, y para mejor entendimiento, el deportista es colocado en una cinta rodante de velocidad controlable y con una mascarilla conectada a un analizador de gases. Allí se le somete a un esfuerzo creciente. A medida que aumenta el esfuerzo, aumentará el consumo de oxígeno, pero llegará un momento en el que a pesar de aumentar progresivamente el esfuerzo no aumentará más el consumo de oxígeno. Esto significa que la capacidad de su organismo de utilizar oxígeno para generar energía ha llegado a su límite. Si el esfuerzo sigue aumentando de intensidad, no será fruto de la acción del oxígeno, sino del metabolismo anaeróbico, gracias a la producción de ácido láctico.

4.2. FACTORES DETERMINANTES DEL RENDIMIENTO AERÓBICO

La capacidad del individuo de efectuar un trabajo eficiente durante el tiempo más largo posible vendrá definido por los siguientes factores:

- Capacidad o volumen interno del corazón. Debido a la incidencia que este tiene sobre la cantidad de oxígeno que nuestro organismo puede metabolizar.

- Eficiencia del aparato respiratorio y de los parámetros de intercambio gaseoso-pulmonar.

- Coordinación dinámica general. Facilitará la correcta conjunción neuromuscular con el consiguiente ahorro energético.

- Factores antropométricos o biotipológicos. No es suficiente con tener un gran corazón, lo importante es constatar los kilogramos de peso que esta deberá alimentar y mover.

Uno de los parámetros fundamentales para valorar esta capacidad es el denominado Consumo máximo de oxígeno (VO2 máx). La importancia del oxígeno para el correcto funcionamiento de nuestro organismo es fundamental. Esto es debido a que en la producción o formación de ATP (adenosín trifosfato), que es el compuesto que puede producir directamente la contracción muscular, la mayor o menor cantidad de oxígeno que intervenga en el proceso determinará una mayor o menor eficacia o rendimiento energético en aquellos trabajos de larga duración. La eficacia o rendimiento de los factores metabólicos puede valorarse a través del cálculo del consumo máximo de oxígeno (VO2 máx), ya que existe una relación directa entre el oxígeno absorbido y la energía producida. Así 200 ml de oxígeno sirven para producir una caloría.

El VO2 máx se puede definir como la cantidad máxima de oxígeno que nuestro organismo puede metabolizar. En este sentido, la cantidad máxima de oxígeno que nuestro organismo pueda metabolizar resultará un factor determinante en relación con la mayor o menor resistencia de un individuo y así, la valoración del VO2 máx nos servirá para valorar la capacidad y potencia aeróbica de un individuo. Su exacto conocimiento y valoración se hace imprescindible para la correcta planificación de cualquier tipo de entrenamiento. El consumo máximo de oxígeno de un individuo viene determinado por la fórmula de Fick:

VO2 máx = GC x dif (A-V)O2

GC = Gasto cardíaco o volumen de sangre que bombea el corazón en un minuto,

Dif (A-V)O2 = Diferencia entre la sangre arterial y venosa

El VO2 máx se cuantifica en términos absolutos (l/min) y relativos (ml/min por kg de peso). Ambas unidades pueden usarse para indicar la dureza con que el cuerpo está trabajando durante la realización de esfuerzos aeróbicos submáximos y / o máximos. Sin embargo, cada valor unitario se usa para expresar el consumo de oxígeno y la producción de energía aeróbica en diferentes situaciones.

Las unidades litros por minuto representan la cantidad absoluta o total de oxígeno consumido en el cuerpo por minuto. El sistema consiste en calcular los litros de oxígeno que entran en los pulmones al tomar el aire, y restarle los litros de oxígeno que expulsa al soltarlo. Esta diferencia nos da el número de litros que se han utilizado en quemar los sustratos energéticos. En reposo el consumo se sitúa en torno a los 250ml/ minuto y en esfuerzos máximos puede llegar a superar los 5 l /minuto.

Las unidades mililitros de oxígeno por kilogramo por minuto, representan el consumo de oxígeno requerido para mover un kilogramo de peso corporal por minuto. La mayoría de las veces el VO2 máx se expresa con unidades relativas porque la capacidad funcional de una persona depende del desplazamiento de su propio peso corporal. Así, por ejemplo, si hay dos individuos que tienen el mismo VO2 máx absoluto, de 4,5 l/min, pero uno de ellos pesa 75 Kg y el otro pesa 85 Kg, entonces sus valores de VO2 máx relativo serán de 60 ml/min.kg y de 53 ml/min .kg, respectivamente, con lo que el primero obtendrá mejores resultados. Por otra parte, no hay que olvidar que más importante que un VO2 máx, es el tiempo durante el cual un individuo es capaz de mantener dicho consumo máximo.

Dicho de otro modo, el consumo máximo de oxígeno de un individuo será proporcional a:

- Su talla, o a su masa, y, más exactamente, a su "masa celular activa", que incluye, el tejido muscular, pero excluye el esqueleto y la grasa.

- La intensidad del ejercicio que se efectúa. En este sentido, un aumento de VO2 máx es linealmente proporcional a la intensidad del ejercicio, pero hasta un cierto valor límite en el que tiende a ser una asíntota. Esta asíntota representa a la vez el consumo máximo de oxígeno, y la potencia máxima aeróbica. El efecto del entrenamiento es precisamente el de poner al sujeto en condiciones de utilizar, lo mejor posible, su VO2 máx.

4.3. PRUEBAS DE VALORACIÓN DEL RENDIMIENTO AERÓBICO

Uno de los principales indicadores para valorar el rendimiento aeróbico es el consumo máximo de oxígeno. Por ello, presentamos a continuación una tabla de referencia de valores de VO2 máx para una población no deportista.

Edad	Baja	Regular	Media	Buena	Excelente
(Hombres)					
<29	<25	25-33	34-42	43-52	>52
30-39	<23	23-30	31-38	39-48	>48
40-49	<20	20-26	27-35	36-44	>44
50-59	<18	18-24	25-33	34-42	>42
60-69	<16	16-22	23-30	31-40	>40
(Mujeres)					
<29	<24	24-30	31-37	38-48	>48
30-39	<20	20-27	28-33	34-44	>44
40-49	<17	17-23	24-30	31-41	>41
50-59	<15	15-20	21-27	28-37	>37
60-69	<13	13-17	18-23	24-34	>34

* Valores de VO_2 máx expresados en $ml.min^{-1}.kg^{-1}$

Tabla 4.1. Puntuaciones de VO2 máx relativo referidos a una población normal, según la American Heart Association.

Sin embargo, otra forma de valorar el potencial aeróbico está en función de los watios que se pueden "mover" en los diferentes aparatos ergométricos en el transcurso de una prueba de esfuerzo.

En este sentido, la población media adulta no deportiva pueden desarrollar potencias de 150/200 watios durante un periodo de tiempo más o menos prolongado (20-30 minutos). Un deportista amateur en buena forma, alrededor de 250 -300 watios, y deportistas bien entrenados, de nivel nacional o internacional, de 350 a 450 watios. Estos valores son mucho más bajos que los del metabolismo anaeróbico aláctico (1500 a 2000 W) y láctico (800 a 1000 W). No podemos olvidar que estos son esfuerzos de resistencia, estando en equilibrio cardíaco, circulatorio y respiratorio, sin acumular fuertes cantidades de lactato.

Existen dos tipos de métodos para la valoración del VO2 máx, los métodos directos y los métodos indirectos, cada uno con sus ventajas e inconvenientes. En cualquier caso, antes de iniciar cualquier tipo de prueba es conveniente:

- Vestir ropa deportiva adecuada y cómoda.
- Evitar el ejercicio agotador al menos 12-24 horas antes de la prueba.
- No tomar estimulantes (tabaco, café, colas, chocolate, etc) ni depresores (alcohol, medicamentos, etc) el día de la prueba, ya que los resultados no serían fiables ni representativos.
- Evitar tomar una comida pesada 3 ò 4 horas antes de la prueba.
- Efectuar un correcto calentamiento a nivel cardiorrespiratorio y muscular (estiramiento y propiocepción), de acuerdo con las exigencias específicas de la prueba.

4.3.1. PRUEBAS INDIRECTAS DE VALORACIÓN

Para la medición del VO2 máx de forma indirecta, es preciso tener unas mínimas nociones fisiológicas.

El gasto cardíaco; es el producto del volumen de eyección por la frecuencia cardiaca, y en reposo en el adulto es del orden de 5 litros por minuto. En el ejercicio muscular puede aumentar hasta un máximo de cinco veces, es decir, hasta 25 litros por minuto. Este aumento es linealmente proporcional, hasta un límite, y debido principalmente al aumento de la frecuencia cardiaca.

El consumo de oxígeno aumenta en función de la potencia desarrollada, como ya se ha comentado anteriormente, y de manera lineal hasta un cierto límite.

En estas condiciones, en las que hasta un cierto límite, el aumento del VO2 máx es lineal en relación a la potencia del ejercicio muscular y el gasto cardíaco es igualmente lineal en relación a esta potencia, se puede operar una "translación de ordenadas", y representar la variación, que queda lineal, de gasto cardíaco en relación a VO2 máx. De la misma manera, como el aumento de la frecuencia cardíaca, principal factor de aumento del gasto cardíaco, es lineal en relación con la potencia desarrollada, se puede también representar la variación de la frecuencia cardíaca en función del VO2 máx. De todo esto se derivan varias consecuencias interesantes:

Se puede evaluar indirectamente el VO2 máx a partir de la frecuencia cardíaca.

Se puede evaluar el VO2 máx por extrapolación a partir de algunos puntos de valor de potencia inferiores a la máxima absoluta.

Se puede evaluar el VO2 máx por extrapolación a partir de la intensidad del esfuerzo y del rendimiento conseguido, ya sea en metros o en velocidades (test de Cooper o Course-Navette de Leger).

4.3.1.1. TEST DE COOPER (1968)

Es una forma sencilla para determinar las posibilidades aeróbicas de un deportista sin precisar tecnología sofisticada. El principio es muy simple: correr la mayor distancia posible en 12 minutos, ya que teóricamente, una carga constante que provoca el agotamiento a los 12 minutos de iniciarse, correlaciona significativamente con el valor del VO2 máx. En la medida en que estas condiciones son admitidas, se puede calcular el VO2 máx según la fórmula de Cooper:

VO2 (ml/min por Kg) = 22.351 x distancia (Km) – 11.288

Por comodidades de utilización, es aconsejable utilizar una pista de atletismo, por ejemplo de 400 metros, balizándola cada 100 metros. Esto permite crear una tabla simple en función del número de vueltas realizadas.

Se han hecho comparaciones sobre la correlación existente entre la prueba de laboratorio y la fórmula de Cooper (el estudio original realizado por él se limitaba a los valores comprendidos entre 29 y 60 ml/min/Kg), y las equivalencias son las siguientes:

Test de Cooper	VO2 máx
2000 m.	33,4
2200 m.	37,4
2400 m.	42,4
2600 m.	46,5
2800 m	51,3
3000 m	55,5
3200 m	60,2
3400 m	64,7

Tabla 4.2. Equivalencias metros y VO2 máx en el test de Cooper.

Howald propone otra ecuación: VO2 (ml/min por Kg) = Distancia x 0.02 –5.4

El Colegio Americano de Medicina Deportiva (1986) propone: VO2 (ml/min por Kg) = (0.2 x V) + 3.5

En sujetos no deportistas, la valoración del test se puede realizar a partir de la siguiente tabla.

NIVEL	SEXO	13-19 a.	20-29 a.	30-39 a.	40-49 a.	50-59 a.	+60
MUY MALO	M	< 2100	< 1950	<1900	<1850	<1650	<1400
	F	<1600	<1550	<1500	<1400	<1350	< 1250
MALO	M	2100-2200	1950-2100	1900-2100	1400-1600	1650-1850	1400-1650
	F	1600-1900	1550-1800	1500-1700	1850-2000	1350-1500	1250-1400
MEDIO	M	2200-2500	2100-2400	2100-2350	1600-1800	1850-2100	1650-1950
	F	1900-2100	1800-1950	1700-1900	2000-2250	1500-1700	1400-1600
BUENO	M	2500-2750	2400-2650	2350-2500	2250-2500	2100-2300	1950-2150
	F	2100-2300	1950-2150	1900-2100	1800-2000	1700-1900	1600-1750
MUY BUENO	M	2750-3000	2650-2850	2500-2700	2500-2650	2300-2550	2150-2500
	F	2300-2450	2150-2350	2100-2250	2000-2150	1900-2100	1750-1900
EXCELENTE	M	> 3000	> 2850	> 2700	> 2650	> 2550	> 2500
	F	> 2450	> 2350	> 2250	> 2150	> 2100	> 1900

Tabla 4.3. Valoración del test de Cooper en función de la edad y el sexo.

4.3.1.2. TEST DE 2400 METROS DE COOPER

Se trata de una variante del test de los 12 minutos. En este test, el principio es, al contrario que el precedente, en recorrer 2400 metros en el menor tiempo posible. Se valorará el tiempo logrado en la prueba en función de la edad y el sexo del individuo.

4.3.1.3. COURSE NAVETTE DE 20 METROS (LEGER, 1981)

Se trata de una prueba progresiva que se llevará a cabo en un espacio no muy grande (gimnasio o patio de recreo) en el que son trazadas dos líneas paralelas, distantes a 20 metros la una de la otra. El sujeto efectuará un recorrido de ida y vuelta, colocando cada vez un pie detrás de la línea y a un ritmo de carrera progresivamente creciente e impuesto por un cassette.

El sujeto comienza la prueba andando y la finaliza corriendo, produciéndose el cambio de ritmo cada vez que lo marca el cassette (son pocos los sujetos que logran concluir el test completo). El momento en que el individuo interrumpe la prueba es el que indica su resistencia cardiorrespiratoria. Las velocidades van de 8 a 18.5 Km/h por paliers.

Este test es de gran utilidad para determinar la capacidad aeróbica de sujetos con poco o medio nivel de condición física, no siendo tan interesante en corredores de buena cualificación o en sujetos de edad elevada con bajo nivel de rendimiento, puesto que en este último caso las velocidades de los primeros paliers (fases o periodos) se encuentran sobredimensionados.

A continuación se muestran las instrucciones que se le puede dar al ejecutante. "El test de «course navette» que vas a realizar te dará una idea de tu capacidad aeróbica máxima, es decir, de tu resistencia aeróbica o, dicho de otra forma, del aguante que tienes. Solamente tienes que ir y volver corriendo en una pista de 20 metros de longitud. La velocidad se controla con una banda sonora que emite sonidos a intervalos regulares. Tú mismo deberás determinar tu propio ritmo, de tal manera que te encuentres en un extremo de la pista al oír la señal, con una aproximación de 1 o 2 metros. Hay que tocar la línea con el pie. Al llegar al final de la pista, das rápidamente media vuelta y sigues corriendo en la otra dirección. La velocidad, más lenta al principio, va aumentando paulatinamente cada 60 segundos. La finalidad del test consiste en ajustarse al ritmo impuesto durante el mayor tiempo posible. Interrumpes la carrera en el momento en que ya no eres capaz de seguir el ritmo que se te impone, o cuando consideras que ya no vas a poder llegar a uno de los extremos de la pista. Anotas entonces la cifra indicada por la banda sonora en el momento en que te has parado: ése es tu resultado. Si estás en forma, sin duda lograrás aguantar durante más tiempo, pues la duración del test es diferente para cada sujeto, dependiendo precisamente de si está o no en forma"

En la tabla 4.4. se presentan los valores de velocidad y de VO2 máx (ml/min por Kg) en la prueba de la course-navette de 20 metros con paliers o periodos de 1 minuto. Datos extraídos de "VO2 máx et performance". P Harichaux y J Medelli. 1996.

Velocidad (Km/h)	VO2 corresp.	Velocidad (Km/h)	VO2 corresp.
8.0	26.2	14.0	58.3
9.0	29.2	14.5	61.2
10.0	35.0	15.0	64.1
10.5	37.9	15.5	67.1
11.0	40.8	16.0	70.0
11.5	43.7	16.5	72.9
12.0	46.6	17.0	75.8
12.5	49.6	17.5	78.7
13.0	52.5	18.0	81.6
13.5	55.4	18.5	84.6

Tabla 4.4. Valoración de la Course-Navette.

La elaboración de los periodos o paliers en el cassette son secuenciados a los valores expresados en el siguiente gráfico.

Fases (minutos)	Velocidad (Km/h)	Tiempo fraccionado (segundos)
1	8	9,000
2	9	8,000
3	9,5	7,579
4	10	7,200
5	10,5	6,858
6	11	6,545
7	11,5	6,261
8	12	6,000
9	12,5	5,760
10	13	5,538
11	13,5	5,333
12	14	5,143
13	14,5	4,966
14	15	4,800
15	15,5	4,645
16	16	4,500
17	16,5	4,364
18	17	4,235
19	17,5	4,114
20	18	4,000
21/23	18,5	3,892

Tabla 4.5. Secuencia y duración de periodos en la Course-Navette (extraído de "VO2 máx et performance". P Harichaux y J Medelli, 1996).

4.3.1.4. PRUEBA PROGRESIVA DE LEGER Y BOUCHER (1980)

El propósito de esta prueba es hacer correr a los sujetos alrededor de una pista de 200, 300 ò 400 metros, balizada cada 50 metros. Un magnetofón potente da al sujeto todas las indicaciones del programa de velocidad creciente, grabado previamente en una cassette. Una variante consiste en que el grupo de sujetos siga a un ciclista, portador de un solo magnetofón, que difunde el programa de la cassette, y asume el mismo el papel de una "liebre", a ritmo progresivamente creciente. Los diversos paliers son escalonados a velocidad creciente de 6 a 22.8 km/h.

El último periodo da la PMA y el VO2 máx en ml/min. Kg, según la cassette estándar de los autores, que proponen también calcular la VO2 máx por una fórmula bastante compleja: VO2 ml/min.Kg = 14.49 +2.143x + 0.0324x°

Donde x es la velocidad en km/h conseguida en el último periodo y x° es la velocidad al cuadrado.

Este test representa una prueba de campo máxima. Su inconveniente reside en la necesidad de disponer de una instalación con un equipo de sonido potente y también adquirir la cassette estándar. No obstante, este test es más fiable y preciso que el de los 12 minutos de Cooper, puesto que en el de Leger se sigue un ritmo establecido y en el de Cooper se puede dar un ritmo más aleatorio. De todos modos no se puede esperar el mismo rigor que en las pruebas realizadas en laboratorio.

4.3.1.5. TEST DE SJOSTRAND O "POTENCIA CRÍTICA 170"

Se trata de una prueba submáxima en la que se predice el rendimiento que obtendría el sujeto a 170 pulsaciones, antes de romper la linealidad que la frecuencia cardíaca mantiene hasta un cierto punto en relación con el esfuerzo realizado.

El sujeto efectúa sobre un cicloergómetro 3 periodos de 50, 100 y 150 w, cada uno de una duración de 5 minutos, y la frecuencia cardíaca es medida con el electrocardiograma después de los cinco minutos de cada periodo. Se establece entonces la variación lineal de esta frecuencia cardíaca para cada uno de estos valores de potencia, y se determina la potencia que habría desarrollado el sujeto si hubiese llegado a la frecuencia cardíaca de 170 pulsaciones/minuto, y a partir de aquí se estima el VO2 máx. Sjostrand adoptó el valor arbitrario de 170 pulsaciones como el de la frecuencia cardíaca máxima eficaz teórica. También se habría podido coger el que nos da la clásica fórmula empírica de Astrand de 220 – la edad del sujeto en años.

4.3.1.6. TEST DE ASTRAND Y RYHMING

En este test el sujeto debe realizar un ejercicio submáximo sobre bicicleta ergométrica a una potencia que le permita llevar una frecuencia cardíaca en torno a 150 pulsaciones minuto. La predicción de la capacidad aeróbica (VO2 máx) se basa en el sexo, la edad, la frecuencia cardíaca en el esfuerzo y la intensidad del esfuerzo realizado en el ergómetro. Cuando la intensidad del esfuerzo aumenta durante la prueba, el consumo de oxigeno y la producción de energía se incrementan. A fin de transportar el oxígeno esencial a los tejidos que trabajan, el corazón es estimulado a latir a un ritmo mayor. Las investigaciones han demostrado que la intensidad del esfuerzo, el consumo de oxígeno y la frecuencia cardíaca tienen una relación directa y positiva con la capacidad aeróbica (VO2 máx). De hecho la relación es principalmente lineal entre el 50 % y el 85% de la frecuencia cardíaca máxima.

La intensidad del esfuerzo puede valorarse de dos formas:

- Por un lado están los cicloergómetros eléctricos en los que se puede establecer la carga de forma automática (en watios).
- Por otro están los cicloergómetros tradicionales(p ej. el ergómetro Monarch) en el que es preciso poner la carga y que recorre una distancia de 6 metros por revolución. En estos casos generalmente se usa un metrónomo o controlador de las revoluciones por minuto para cuantificar el ritmo de pedaleo. Para este tipo de cicloergómetros:; Potencia = Trabajo /tiempo =

(F x e)/t = F x (rev./min)x (metro/revolución) (donde F es igual a la carga que se debe vencer) Así, por ejemplo, 3.5 kilogramos x 50 rpm x 6 metros (Monarch) = 1050Kgm/minuto. Sabiendo que 1 kgm/minuto = 0.163W.

Según Harichaux y Medelli (1996), el protocolo del test consiste en efectuar un esfuerzo a una potencia constante durante seis minutos sobre el cicloergómetro, y coger la frecuencia cardíaca en los quince últimos segundos de cada minuto. El esfuerzo debe ser suficiente para llevar la frecuencia cardíaca entre 140 y 160 pulsaciones, y de esta manera estable hasta el fin del test, de tal forma que no haya diferencia superior a 5 pulsaciones entre las medidas de frecuencia de los dos últimos minutos de la prueba. La carga de salida es habitualmente de dos watios por kilo de peso corporal con una frecuencia de pedalada fija (alrededor de 70 ciclos por minuto). Al final del tercer minuto, el reglaje de la potencia no será modificado si la frecuencia cardíaca está en el intervalo deseado (140 – 160); por el contrario, la carga establecida será modificada en 50 watios de más o de menos si la frecuencia cardíaca es inferior a 140 o superior a 160.

Conociendo la frecuencia cardíaca y la potencia correspondiente al final de la prueba, no queda más que transportar estos valores al nomograma de Astrand y Ryhming, hacer una recta y leer sobre la escala correspondiente el valor del consumo máximo de oxígeno teórico.

Para obtener un resultado más preciso, se puede efectuar una corrección en función de la edad, aplicando al valor estimado un coeficiente propuesto por Astrand:

Edad	15	25	35	40	45	50	55	60	65
Correc..	1.10	1.00	0.87	0.83	0.78	0.75	0.71	0.68	0.65

Tabla 4.6. Factor de corrección en función de la edad.

Otros autores, como por ejemplo Siconolfi (1982), proponen el protocolo de Astrand de la siguiente manera:

- Carga inicial: 0.5 kg (150kgm/min) en hombres y mujeres de más de 35 años y 1 kg (300 kgm/min) para hombres de menos de 35 años
- Velocidad de pedaleo: 50rpm
- Tiempo de cada fase: 2 minutos. Durante los últimos 30 segundos de cada fase, medir el pulso durante 15 segundos.

Si la FC es menor del 70 % de la máxima, incrementar la carga de trabajo en 0.5 kg y seguir pedaleando durante otros dos minutos, y si es mayor disminuir en 0.5 kg, y hacer lo mismo hasta conseguir una frecuencia cardíaca estable. La prueba termina a una frecuencia cardíaca estable igual al 70 % de la FC máx, pronosticada para su edad.

4.3.1.7. VARIANTE DEL TEST DE ASTRAND Y RYHMING

Se utiliza un banco modificado en relación a la altura inicial del test de Harvard. En su protocolo, Astrand y Ryhming proponían (ver el anterior nomograma) una marcha sobre un escalón de 33 cm para las mujeres y 40 cm para los hombres, descomponiendo el movimiento en 4 tiempos (subir un pie y luego el otro, descender un pie y luego el otro). A un ritmo de 22.5 subidas por minuto. Cada tiempo se correspondería con el pulso de un metrónomo reglado a 90 golpes por minuto.

El inconveniente del step-test es el carácter relativamente no fisiológico y natural de la altura del escalón en relación a la longitud de los miembros inferiores. Es preferible utilizar el tapiz rodante.

4.3.1.8. PRUEBA DEL ESCALÓN DE FOREST SERVICE

El protocolo a seguir será el siguiente:

- Disponer el metrónomo a una cadencia de 90 pulsaciones por minuto.

- Los hombres usar un banco de 38 centímetros de altura y un banco de 33 centímetros para las mujeres.

- Comenzar la prueba subiendo del banco y bajando en cadencia con el metrónomo. Cada cuatro pulsaciones del metrónomo representan un ciclo completo de subir y bajar el banco; cada pulsación del metrónomo representa un solo paso como sigue:

  - Subir el banco con el pie derecho.
  - Subir el banco con el izquierdo.
  - Bajar el banco con el pie derecho.
  - Bajar el banco con el pie izquierdo.
  - Efectuar la prueba durante cinco minutos.

- Al finalizar los cinco minutos tomar las pulsaciones.

- Medir una cuenta de latidos durante 15 segundos tras finalizar la prueba.

- Con la cuenta de latidos durante 15 segundos y el peso propio determinar la puntuación del fitness en $ml.kg^{-1}.min^{-1}$, en los cuadros 4.7. y 4.8.

- Obtener su valor de corrección por la edad en la tabla 4.9.

- Multiplicar el VO_2 máx no ajustado por el valor de corrección de su edad. El valor obtenido equivale a su puntuación de fitness ajustada a la edad, o su VO_2 máx estimado.

- Calcule su capacidad aeróbica absoluta en l.min-1. Este cálculo se realiza multiplicando el VO_2 máx estimado por el peso de la persona y dividiendo entre mil.

- Determine la clasificación de su fitness a partir de la tabla normativa aeróbica (Ir al principio de la valoración del potencial aeróbico).

Pulso 15"	Estimaciones de VO$_2$máx. no ajustadas (ml.kg^{-1}.min^{-1})											
44								30	30	30	30	30
43							31	31	31	31	31	31
42			32	32	32	32	32	32	32	32	32	32
41			33	33	33	33	33	33	33	33	33	33
40			34	34	34	34	34	34	34	34	34	34
39			35	35	35	35	35	35	35	35	35	35
38			36	36	36	36	36	36	36	36	36	36
37			37	37	37	37	37	37	37	37	37	37
36		37	38	38	38	38	38	38	38	38	38	38
35	38	38	39	39	39	39	39	39	39	39	39	39
34	39	39	40	40	40	40	40	40	40	40	40	40
33	40	40	41	41	41	41	41	41	41	41	41	41
32	41	41	42	42	42	42	42	42	42	42	42	42
31	42	42	43	43	43	43	43	43	43	43	43	43
30	43	43	44	44	44	44	44	44	44	44	44	44
29	44	44	45	45	45	45	45	45	45	45	45	45
28	45	45	46	46	46	47	47	47	47	47	47	47
27	46	46	47	48	48	49	49	49	49	49		
26	47	48	49	50	50	51	51	51	51			
25	49	50	51	52	52	53	53					
24	51	52	53	54	54	55						
23	53	54	55	56	56	57						
Peso	36.3	40.8	45.4	49.9	54.4	59	63.5	68	72.6	77.1	81.6	86.2

Tabla 4.7. Prueba del escalón de Forest Service para mujeres.

Pulso 15"	Estimaciones del VO$_2$máx no ajustadas (ml.kg^{-1}.min^{-1})												
44	34	34	34	34	33	33	33	33	33	33	33	33	33
43	35	35	35	34	34	34	34	34	34	34	34	34	34
42	36	35	35	35	35	35	35	35	35	35	35	35	35
41	36	36	36	36	36	36	36	36	36	36	36	36	36
40	37	37	37	37	37	37	37	37	37	37	37	37	37
39	38	38	38	38	38	38	38	38	38	38	38	37	37
38	39	39	39	39	39	39	39	39	39	39	39	38	38
37	41	40	40	40	40	40	40	40	40	40	40	39	39
36	42	42	41	41	41	41	41	41	41	41	41	40	40
35	43	43	42	42	42	42	42	42	42	42	42	42	41
34	44	44	43	43	43	43	43	43	43	43	43	43	43
33	46	45	45	45	45	45	44	44	44	44	44	44	44
32	47	47	46	46	46	46	46	46	46	46	46	46	46
31	48	48	48	47	47	47	47	47	47	47	47	47	47
30	50	49	49	49	49	48	48	48	48	48	48	48	48
29	52	51	51	51	50	50	50	50	50	50	50	50	50
28	53	53	53	53	52	52	52	52	52	51	51	51	51
27	55	55	55	54	54	54	54	54	54	53	53	53	52
26	57	57	56	56	56	56	56	56	56	55	55	54	54
25	59	59	58	58	58	58	58	58	58	56	56	55	55
24	60	60	60	60	60	60	60	59	59	58	58	57	
23	62	62	61	61	61	61	61	60	60	60	59		
22	64	64	63	63	63	63	62	62	61	61			
21	66	66	65	65	65	64	64	64	62				
20	68	68	67	67	67	67	66	66	65				
Peso	54.4	59	63.5	68	72.6	77.1	81.6	86.2	90.7	95.3	99.8	104.3	108.9

Tabla 4.8. Prueba del escalón de Forest Service para hombres.

Edad	Valor de corrección
15	1.04
20	1.02
25	1.00
30	0.97
35	0.95
40	0.93
45	0.91
50	0.88
55	0.86
60	0.82
65	0.80

Tabla 4.9. Factor de corrección por edad para el test de Forest Service.

4.3.1.9. TEST DE FOX

Esta es una prueba indirecta con la que podemos registrar la capacidad aeróbica de nuestro deportista, por medio del cálculo del VO2max. No necesitamos más que un cicloergómetro y un pulsómetro. La prueba consiste en que el deportista pedalee durante 5' a una carga de 150w (3kg a una frecuencia de 50 rev/min), registrando la frecuencia cardiaca en el quinto minuto de la prueba. El resultado se lleva a la siguiente ecuación:

VO2 máx estimado (litros por minuto) = 6.3 − (0.0193 x FC por minuto)

4.3.1.10. PRUEBA DE ANDAR DE ROCKPORT

La prueba de andar de Rockport es una prueba sencilla en la que el ritmo lo marca la persona que se somete a la prueba. Es una prueba nada agresiva que puede realizar cualquier tipo de personas (especialmente indicada para personas adultas y mayores) Consiste en caminar una milla (1,609 metros) lo más deprisa posible, para luego medir su frecuencia cardíaca y el tiempo que se ha tardado. A partir de una ecuación de regresión se estima la capacidad aeróbica en base a los resultados obtenidos. Se debe anotar el tiempo que se ha tardado y el pulso durante 10 segundos, inmediatamente después de haber realizado la milla.la ecuación que nos da el VO2 máx es la siguiente:

VO2 máx = 132.6- (0.7 x Pc) – (0.39 x edad) + (6.31 x S) – (3.27 x T) – (0.156 x FC).

(Donde: VO2 máx = ml/kg.min, Pc = Peso corporal (Kg) ; S = Sexo. 0 para mujeres y 1 para hombres; FC = Frecuencia cardíaca posterior al ejercicio.(puls/min); T = Tiempo en andar una milla , se debe pasar del sistema sexagesimal al sistema decimal. Se mantienen los minutos y se dividen los segundos por 60. Así, por ejemplo, un tiempo de 12:35 se transforma en 12,58. (12 +35/60))

4.3.1.11. PRUEBA DE CARRERA DE GEORGE-FISHER

La prueba de carrera de George-Fisher es una prueba diseñada para servir como alternativa submáxima a la carrera de 2,4 Km. Las necesidades de equipo y de recogida de datos son similares a las de la prueba de andar. Se ha desarrollado una ecuación de regresión que estima la capacidad aeróbica de una persona en base a la frecuencia cardíaca en esfuerzo, el tiempo de la carrera, el sexo y el peso corporal.

Antes de la prueba, correr dando una sola vuelta a la pista a una velocidad confortable. Si la velocidad de carrera y la frecuencia cardíaca durante el calentamiento son apropiadas, se realiza la prueba de 1 milla. Hay que mantener la misma velocidad de carrera a la largo de toda la milla. No se debe acelerar ni reducir la velocidad en ningún momento. Puesto que esta prueba exige correr a una velocidad relativamente baja, deben satisfacerse dos criterios para mantener la precisión de la prueba que son:

- Criterio de velocidad. Los hombres deben correr la milla en 8 minutos o más. El tiempo para las mujeres debe ser al menos de 9 minutos o más. Si se tarda menos del tiempo asignado hay que descansar y realizar la prueba nuevamente a menor velocidad. En una pista de 400 m. el menor tiempo aceptable sería de 2 min por vuelta para los hombres y de 2:15 min para las mujeres.

- Criterio de la frecuencia cardíaca. El límite superior es 180 puls/min. Al final de la milla si la frecuencia cardíaca se eleva por encima de los 180 puls/min, descansar y repetir posteriormente la prueba a menor velocidad.

Inmediatamente después de correr, tomar el pulso durante 10 segundos y registrar el tiempo en minuto:segundos y pasar del sistema sexagesimal al decimal. Finalmente, hay que pasar la ecuación de regresión siguiente para calcular el nivel relativo de fitness (donde los parámetros son los mismos que en la prueba de andar de Rockport)

VO2 máx = 100,5 + (8,344 x S) - (0,1636 x Pc) - (1,48 x T) – (0.9128 x FC).

Es preciso decir que la prueba fue desarrollada para individuos de edades comprendidas entre los 18 y 29 años. Si se realiza para personas mayores de 30 años, hay que ajustar la puntuación de VO2 máx según la edad, utilizando los factores de corrección que aparecen en el apartado de la prueba del escalón de Forest Service.

4.3.2. PRUEBAS DIRECTAS DE VALORACIÓN

Para la medida del VO2 máx de forma directa es preciso disponer de un material elaborado, preciso y costoso, que comprenda un ergómetro y un aparato que permita la medida del consumo de oxígeno, en circuito cerrado o abierto. Por otra parte, como el sujeto se esfuerza al máximo, puede aparecer algún tipo de incidente cardíaco (raras veces, pero posibles), lo que hace necesario practicar los diferentes test en un lugar apropiado, equipado con un dispositivo de reanimación.

Diversos parámetros se pueden medir en un sujeto que efectúa una prueba en el cicloergómetro; frecuencia cardíaca (f.c) a partir del electrocardiograma, consumos de oxígeno (VO2) y producción de CO_2 a partir de diversos parámetros respiratorios, lactatos por tomas sucesivas de sangre, watios alcanzados en el esfuerzo máximo.

La medición directa, por lo general, se llevará a cabo en el laboratorio (ya sea en cicloergómetro, tapiz rodante o ergómetro para piraguistas), aunque actualmente han salido otros dispositivos, como el Metamax, que permite llevar a cabo mediciones directas en situaciones de campo. El deportista lleva una mochila colgada y en ella se encuentra el analizador de gases, que por telemetría manda la información a distancia al ordenador.

Existen diversos test para calcular el VO_2 máx de forma directa, pero de todos los test que se pueden realizar, los practicados en cinta rodante y en cicloergómetro son los más rutinarios para el cálculo del VO_2 máx, siendo las ventajas e inconvenientes de cada uno de ellos las siguientes:

- Cicloergómetro: Es usado para medir la cantidad de trabajo realizado de una forma precisa. La parte superior del cuerpo está relativamente inmóvil, lo que permite observar fácilmente el electrocardiograma, la presión de la sangre y otras medidas fisiológicas. En cuanto a las desventajas, el cicloergómetro genera cierta tensión sobre ciertos músculos de las piernas, de modo que los sujetos evaluados se ven forzados a parar a causa del dolor en dichos músculos antes de haber alcanzado el consumo máximo de oxígeno

- Tapiz o Cinta rodante: Proporciona los valores más altos del consumo máximo de oxígeno, y arrojan las máximas diferencias en destreza y eficiencia entre individuos.

La Tabla 4.10. muestra los resultados de una comparación sistemática de las marcas de VO_2 máx medidas con diferentes procedimientos

Variable	Ciclo no continuo	Ciclo continuo	Tapiz no continuo Andar-Correr	Tapiz continuo Andar	Tapiz no continuo Correr	Tapiz continuo Correr
VO2máx ml.min-1	3691 ±453	3683 ±448	4145 ±401	3944 ±395	4157 ±445	4109 ±424
VO2máx ml/kg.min	50±6.9	49.9±7	56.6±7.3	53.7±7.5	56.6±7.6	55.5±6.8

Tabla 4.10. Comparación de VO2 máx medidos en el tapiz rodante y en el cicloergómetro, con protocolos continuos o discontinuos.

El consumo máximo de oxígeno durante las pruebas en el cicloergómetro fue un promedio del 6,4 al 11,2% por debajo de los valores recogidos con el tapiz rodante. La mayor diferencia entre cualquiera de las pruebas de carrera en el tapiz rodante fue sólo del 1,2%. Por otro lado, la prueba de andar en el tapiz rodante reveló marcas de VO2 máx un 5% por debajo del promedio para las tres pruebas de carrera. En este sentido, la carrera continua en el tapiz rodante parece ser la prueba preferible para probar la capacidad aeróbica de grandes números de sujetos sanos. Aquí el tiempo total es un poco más de 12 minutos, siendo en las pruebas discontinuas de unos 45 minutos.

En este sentido, los protocolos de valoración son muy variados puesto que existen varios elementos que pueden controlarse y es precisa la presencia de un analizador de gases. En el tapiz rodante, velocidad y pendiente, y en el cicloergómetro, revoluciones por minuto y watios de carga a superar. En ambos casos, pueden ser pruebas continuas o discontinuas, es decir, todo seguido o con descanso entre los periodos de trabajo. En el tapiz rodante se puede mantener fija la velocidad y aumentar la pendiente, o mantener la pendiente y aumentar progresivamente la velocidad, o variar los dos aspectos simultánea o alternativamente. En el cicloergómetro, es frecuente mantener el número de revoluciones y aumentar los watios que se deben mover, cada un cierto periodo de tiempo estable.

Con el los aparatos adecuados podemos obtener información del consumo máximo de oxígeno absoluto y relativo, del VCO2, del cociente respiratorio (VCO2 / VO2), del volumen espirado, de la frecuencia cardíaca y respiratoria, del pulso de oxígeno (VO2/frecuencia cardíaca) e incluso del número de METS.

Time	Watts	VO2/kg	VO2	VCO2	RER	HR	VE BTP L/min	RR	METS	VO2/HR mL/bea
0:20	0	0.0	0	0	0.00	0	0.0	0	0.0	0
1:00	54	4.1	263	241	0.92	40	9.4	17	1.2	7
1:20	75	4.0	259	233	0.90	48	8.9	14	1.1	5
1:40	72	5.5	355	290	0.82	50	10.3	13	1.6	7
<<<<<<<<<<<<<<<<<<<<<<<<<<<<<< Start of Exercise >>>>>>>>>>>>>>>>>>>>>>>>>>>>										
2:00	61	4.8	308	222	0.72	40	8.5	10	1.4	8
2:20	82	9.2	595	463	0.78	68	14.5	20	2.6	9
2:40	81	15.4	993	806	0.81	90	23.1	19	4.4	11
3:00	85	20.0	1291	937	0.73	99	25.9	20	5.7	13
3:20	84	25.0	1613	1157	0.72	107	31.1	23	7.1	15
3:40	87	25.4	1638	1177	0.72	103	31.4	22	7.2	16
4:00	85	28.0	1807	1439	0.80	105	38.4	25	8.0	17

Figura 4.1. Muestra extraída de una prueba de esfuerzo realizada en el laboratorio de fisiología de la Facultad de Ciencias del Deporte de la Universidad de Extremadura.

En cualquier caso, en todas estas pruebas han de ser tenidos en cuenta una serie de factores que pueden influir sobre los resultados obtenidos, a saber:

- La postura en el ejercicio: debe ser erecta tanto sentado como de pie.

- La musculatura utilizada: deben ser usados músculos más grandes si el consumo máximo de oxígeno es lo que se ha de obtener.

- La intensidad y duración del ejercicio: suficientemente grandes como para lograr una respuesta del sistema cardiovascular cercano al máximo.

- La eficiencia mecánica para la tarea (no debe depender de ello).

- La motivación del individuo (no debe depender de ello).

4.3.2.1. MÉTODO DE MITCHELL, SPROULE Y CHAPMAN

Se trata de un protocolo que se realiza en tapiz rodante, con analizador de gases, con lo que determinaremos el VO2 máx de forma directa. La carga impuesta va aumentando de forma progresiva, pero incluyendo intervalos de descanso.

Se hace un calentamiento caminando durante 10 minutos a 4.8 Km/hora con una pendiente del 10 %. A continuación se descansa 10 minutos. Después se corre a 9.8 km/hora con una pendiente del 0% durante dos minutos y medio. Con un aparato analizador de gases se mide el oxígeno contenido en el aire espirado durante el último minuto de ese esfuerzo. A continuación se descansan otros 10 minutos, tras los cuales se vuelve a correr a la misma velocidad, pero con una pendiente del 2.5 % durante el mismo tiempo, y se vuelve a medir el contenido del oxígeno en el último minuto. Se repiten los ciclos de reposo y de carrera a la misma velocidad y de la misma duración, pero con una pendiente creciente, hasta conseguir los valores máximos del contenido de oxígeno, que corresponden al VO2 máx. El inconveniente de este tipo de pruebas discontinuas es que requieren demasiado tiempo para su realización.

4.3.2.2. PRUEBA DE SHEPARD

En este caso, la velocidad del tapiz está fijada en 5 km/h, con periodos de 4 minutos para rampas crecientes desde 0 a 17.5%, con cambios de 2.5% en 2.5%. El interés de este protocolo está en el hecho de que se puede comparar el rendimiento a 5 km/h, en un terreno plano y en una pendiente bastante pronunciada. Para cada pendiente y a esta velocidad constante se hizo una estimación de los VO2 máx correspondientes para cada periodo (ver tabla 4.10).

Pendiente en %	0	2.5	5	7.5	10	12.5	15	17.5
VO2 máx (ml/kg.min)	22	24.9	27.8	30.7	33.6	36.5	39.3	42.2

Tabla 4.11. Correspondencia de pendiente con VO2 máx.

4.3.2.3. PRUEBA DE ESFUERZO MAXIMAL SOBRE TAPIZ

Esta es una prueba para individuos entrenados y que tienen objetivos de rendimiento. Como es lógico, los cardiólogos para valorar la capacidad funcional de sus pacientes no van a utilizar esta prueba máxima ni otras similares. Se debe controlar la frecuencia cardíaca y la tensión arterial del deportista a lo largo de toda la prueba. Tenemos dos posibles opciones:

- Prueba escalonada. Inicio: 6-8 km/h. Escalones fijos de 3 min y parada de 1 minuto. Aumento de la velocidad en 2 km/h en cada palier. 1-2% pendiente del tapiz.
- Prueba máxima en rampa. Inicio: 6-8 km/h. Aumento de la velocidad 2 km/h cada 2 minutos. A partir de los 18 Km/h, aumento de 1km/h. 1-2% pendiente del tapiz.

4.3.2.4. PRUEBA DE ESFUERZO MAXIMAL SOBRE CICLOERGÓMETRO

Como la anterior, esta es una prueba máxima que se llevará a cabo en el laboratorio. A continuación, se presentan las instrucciones para un protocolo de esfuerzo máximo sobre el cicloergómetro.

Calibrar el equipo, ajustar los electrodos para controlar su frecuencia cardíaca y colocar correctamente la mascarilla del analizador de gases.

Coloque un brazal para la toma de la tensión arterial (al principio de la prueba y al final de cada periodo).

Ajuste con seguridad pinzas en la nariz del sujeto para ocluir completamente las fosas nasales.

El sujeto comenzará a dar pedales sin ninguna carga durante 5-10 minutos. Servirá de calentamiento.

El deportista a lo largo de toda la prueba deberá mantener un ritmo superior a 60 revoluciones por minuto.

Después del calentamiento comenzará la prueba en sí. Cada 2 minutos la carga se incrementará en 50 watios, hasta llegar a los 200 ò 250 watios (en función del nivel del deportista), a partir de entonces las cargas se irán incrementando de 25 en 25 watios y así hasta que el individuo no puede mantener las revoluciones por minuto marcadas.

Finalmente, cuando acabe la prueba de esfuerzo, vendrá un periodo de recuperación de 5 minutos en el que se quitará toda la carga.

4.3.2.5. TEST MÁXIMO PROGRESIVO EN CICLOSIMULADOR O RODILLO

El ciclosimulador es un aparato en el que se fija la bicicleta del ciclista, quitándole la rueda delantera, y situando la trasera sobre un rodillo que da vueltas. Es un aparato que ofrece muchas posibilidades tanto para entrenar como para valorar el potencial de un ciclista, siempre que se cuente con un pulsómetro y un analizador de gases. Se pueden diseñar un gran número de protocolos, entre los posibles destaco el siguiente:

El ciclista empezará a rodar a 20 Km/h durante 500 metros. Moverá un desarrollo de plato grande y un piñon de 19/21.

Posteriormente, cada 500 metros el ciclista deberá aumentar la velocidad en 2 Km/h, y así progresivamente hasta que el ciclista no pueda aumentar de velocidad.

Al final de cada periodo de 500 metros se deberá "picar" el pulsómetro.

Hasta los 40 km/h el sujeto debe seguir con el mismo desarrollo, pero a partir de aquí, podrá ir bajando y situar el piñón donde esté más cómodo.

A partir de los 44 Km/h, en vez de aumentar la velocidad en 2 km/h se aumentará sólo en 1 km/h.

Cuando el ciclista no pueda más se dejarán 6 minutos de recuperación con el desarrollo que se desee (se puede cambiar plato y piñón), pero siempre analizando los gases.

4.4. PRUEBAS DE ADAPTACIÓN CARDIOVASCULAR AL ESFUERZO

Se trata de pruebas que tratan de valorar, de una forma sencilla, el estado cardiovascular del individuo. Estas técnicas presentan el inconveniente común de no asegurar la medida rigurosa de la totalidad de los parámetros necesarios, en particular el trabajo desarrollado y/o las variaciones fisiológicas correspondientes. Su ventaja reside en la simplicidad de la mayor parte de ellos, lo que facilita la generalización de su empleo, pero esto no justifica que la puesta a punto del test se haga de forma descuidada.

4.4.1. TEST DE RUFFIER

De realización fácil, reproducible y que no necesita complejos aparatos. Permite, con la utilización de índices funcionales (frecuencia cardíaca), tener una idea cualitativa de la aptitud cardiovascular en el ejercicio muscular. Consiste en efectuar 30 flexiones completas de piernas, con el torso erguido, en 45 segundos, y volviendo a la posición de pie. Si estas condiciones son respetadas, el test puede ser considerado como una medida ergométrica aproximada, pero válida.

La frecuencia cardíaca es determinada antes del ejercicio, en reposo, por cuenta del pulso radial durante 15 segundos (P0), al final del esfuerzo (P1) y después de 1 minuto de recuperación en posición sentada (P2). Las tres cifras pueden ser utilizadas para el cálculo de dos índices diferentes;

Índice de resistencia de Ruffier = $[(P0+P1+P2) - 200]/\ 10$, obteniendo la escala siguiente sobre la forma del deportista:

- Excelente = 0
- Muy bueno de 0 a 5
- Bueno de 5 a 10
- Medio de 10 a 15
- Mediocre de 15 a 20

Índice de Ruffier-Dickson, destinado a minimizar la importancia de las reacciones emotivas observables sobre los valores de reposo (P0), se calcula diferentemente: $I = [(P1 - 70) + 2(P2 - P0)]/10$, obteniéndose la escala siguiente:

- Muy bueno de 0 a 3
- Bueno de 3 a 6
- Medio de 6 a 8
- Flojo superior a 8.

4.4.2. TEST DE MARTINET

Consiste en la práctica de 20 flexiones completas de piernas en 40 segundos, con el tronco erguido. Se mide la frecuencia cardíaca y la tensión arterial en reposo, después del esfuerzo y en los dos minutos siguientes que siguen al final del test.

En el adulto en forma física normal, la frecuencia cardíaca no debe elevarse en más de 20 pulsaciones por minuto por encima de los valores de reposo y debe volver a la frecuencia anterior alrededor de 1 ò 2 minutos después. La presión arterial sistólica debe elevarse en el máximo de 2 a 3 cm de mercurio y la diastólica de 1 a 2 cm.

4.4.3. PRUEBA DE PACHON-MARTINET

El ejercicio es idéntico al test de Martinet, pero 30 flexiones en 45 segundos. Se mide la presión arterial y la frecuencia cardíaca. Los dos valores son medidos al fin del ejercicio, y en cada minuto hasta el retorno a la calma. El resultado es normal si el aumento de la presión sistólica y diastólica no excede respectivamente en 3 y 2 cm de mercurio, en relación al reposo, si el aumento del pulso no es superior a 100-105 y si el retorno general a la calma no excede de 2 a 3 minutos.

4.4.4. TEST DE CRAMPTON O DE ORTOCLINOSTASTISMO

Está basado en el hecho de que la frecuencia cardíaca y la presión arterial pueden tener valores muy diferentes, en el mismo sujeto, según que el individuo esté acostado o de pie. La frecuencia cardíaca y la presión arterial máximas son medidas en el sujeto acostado en reposo después de un cuarto de hora, y luego de pie al cabo de 2 minutos. Se mide el aumento de la presión sistólica (ΔP) y de la frecuencia cardíaca (Δf).

Se determina el índice según la relación:

Índice = $3.15 + \Delta P - \Delta f/20$

La clasificación sería la siguiente:

- Insuficiente: Menor de 50
- Flojo: de 50 a 75
- Medio: de 75 a 100
- Muy bueno: Superior a 100.

4.5. REFERENCIAS

American College of Sports Medicine. Guidelines for Graded Exercise Testing and Exercise Prescription. 5th Ed. Philadelphia: Lea and Febiger. 1995

Astrand P, Ryhming I. A nomogram for calculation of aerobic capacity (physical fitness) from pulse rate during submaximal work. Journal of Applied Physiology. 1954. 7: 218-221.

Ceberio F Métodos de determinación indirecta del consumo máximo de oxígeno. Archivos de Medicina del Deporte, Vol. II, número 6, pag. 147-149.

Cooper KH. A jeans of assessing maximal oxigen intake. Journal of the American Medical Association. 1968. 203:135-138

Duncan MacDougall, Wenger A, Green J. Evaluación fisiológica del deportista. Barcelona. Paidotribo. 1995.

Froelicher VF, Lancaster MC. The prediction of maximal oxygen consumption from a continous exercise treadmill protocol. American Heart Journal. 1974. 87, 445-450.

García Manso, Navarro Valdivieso y Ruiz Caballero. Bases teóricas del entrenamiento deportivo. Madrid. Ed. Gymnos. 1996.

García Manso, Navarro Valdivieso, Ruiz Caballero. Pruebas para la valoración de la capacidad motriz en el deporte: evaluación de la condición física. Madrid. Ed. Gymnos. 1996.

George D, Fisher AG, Vehrs R. Test y pruebas físicas. 4º ed.. Barcelona. Paidotribo.2005..

Grosser M, Starischka S. Test de la condición física. Barcelona. Ed. Martínez Roca. 1992.

Harichaux. P, Medelli J. VO2 máx et performance. Paris. Ed Chiron. 1996.

Jonath, U. Entrenamiento en circuito. Barcelona Ediciones Paidos. 1992

Léger L, Boucher R. An indirect continuous running multistage field test: the Université de Montéal track test. Canadian Journal Appl. Sports Scienc. 1980. 5: 77-84.

Legido JC, Segovia JC, Ballesteros JM. Valoración de la condición física por medio de test. Madrid. Ediciones Pedagógicas.1996.

López Chicharro, Fernández Vaquero. Fisiología del ejercicio. Madrid. Ed. Panamericana. 1995

Mc Ardle W, Katch F, Katch V. Fisiología del ejercicio: Energía, nutrición y rendimiento humano. Madrid. Ed Alianza Deporte. 1990

Mishchenko V.S y Monogarov V.D. Fisiología del deportista. Barcelona. Paidotribo. 1995

Saltin B. Capacidad aeróbica y anaeróbica. Revista de entrenamiento deportivo. 1989. III, 2-4.

Sharkey B. J . Physiology of Fitness. Illinois. Human Kinetics. 1991.

Siconolfi S.F, Cullinane, R.A, Carleton, Thompson. Assessing VO2 máx in epidemiologic studies: modification of the Astrand-Ryhming test. Medicine and Scince in Sport and Exercise. 1982. 14 (5): 335-338.

Wasserman K.. La teoría del intercambio gaseoso y el umbral (anaeróbico) de acidosis láctica. 1991. Apunts XVIII 7-39.

Weinek J. Entrenamiento óptimo . Barcelona. Ed Hispano Europea. 1988.

Wilmore J, Costill D. Fisiología del esfuerzo y del deporte. Barcelona. Paidotribo. 1999.

Zintl, F. Entrenamiento de la resistencia: Fundamentos, métodos y dirección del entrenamiento. Barcelona. Editorial Martínez Roca. 1991.

CAPÍTULO 5
EVALUACIÓN ANAEROBICA

Dr. Diego Muñoz Marín

5.1. INTRODUCCIÓN

Según Alves (1998), la resistencia es la "capacidad de realizar una prestación de una determinada intensidad sin deterioro de la eficiencia mecánica a pesar de la acumulación de la fatiga".

Tal y como se ha explicado con anterioridad, no puede completarse ningún movimiento sin cierto gasto de energía. Cuanto más intenso y prolongado sea el esfuerzo y cuanto mayor sea la cantidad de grupos musculares que participan en la actividad, más energía se necesitará. La única fuente directa de energía para la contracción muscular es el adenosín trifosfato (ATP), que atañe a los enlaces de fosfato de alta energía (macroenergéticos).

En este capítulo nos centraremos fundamentalmente en la valoración de los sistemas de obtención de energía anaeróbica aláctica y láctica.

5.2. UMBRAL ANAERÓBICO

El punto de intensidad donde empieza a acumularse el lactato es lo que se denomina Umbral Anaeróbico, en la que inicialmente se consideró como un valor fijo en el nivel de una concentración de lactato de 4 mmol/L. (Mader, Liesen y cols. 1976), aunque este valor suele ser diferente en función del tipo de deportista, composición de fibras, etc., de tal manera que individuos que realizan deportes eminentemente aeróbicos, suelen tener este umbral por debajo de 4 mmol/L, mientras que deportistas de deportes anaeróbicos (velocistas) suelen presentar este umbral por encima de 4 mmol/L.

El Umbral Anaeróbico define dos regiones, la primera e inferior se corresponde con la combinación del sistema aeróbico de producción de energía junto con el sistema anaeróbico que genera ácido láctico. En esta primera zona, la eliminación y aparición en sangre del ácido láctico van a la par existiendo un equilibrio estable. En la segunda zona, por encima de umbral, se observa un desequilibrio entre la producción de lactato, su aparición en el torrente circulatorio y su eliminación.

La mayor parte del ácido láctico acumulado durante la carga de trabajo (entre el 50 y el 80%) se oxida en el periodo de recuperación. Esto obedece a que el ácido láctico se es un azúcar simple con tres átomos de carbono, admirable combustible para la mayoría de los tejidos del organismo: cerebro, corazón, hígado, músculo, etc. Además, no existe limitación alguna que impida utilizar el ácido láctico para satisfacer las demandas energéticas.

Cuando hablamos de "umbral" nos vamos a referir a puntos tope o límite a partir de los cuales se van a producir una serie de cambios fisiológicos o metabólicos que van a condicionar la forma y el tipo de abastecimiento energético (aeróbico-anaeróbico) de un individuo durante el ejercicio. No obstante, hay autores que no aceptan el término de umbral puesto que dicen que la producción de energía se produce de forma continua y no se pueden observar fenómenos de ruptura o de umbral. En cualquier caso, es un concepto muy utilizado dentro del mundo de la fisiología del ejercicio y del deporte puesto que se hace necesaria una gradación en los niveles de intensidad de la carga. De esta forma, la determinación de puntos tope o de ruptura ("umbrales") va a tener una gran importancia a nivel práctico puesto que va a permitir evaluar la capacidad funcional de un deportista y su evolución, así como establecer y controlar las cargas de entrenamiento.

Teniendo como principal referencia el modelo planteado por Skinner y Mclellan para un ejercicio máximo de carácter incremental podemos distinguir tres fases metabólicas en el transcurso de dicho ejercicio. Una primera fase, de baja intensidad, en la que predominan los sistemas aeróbicos, una segunda fase de transición aeróbico-anaeróbica y una tercera fase, de alta intensidad, de carácter predominantemente anaeróbico. Para nosotros, el "umbral aeróbico" va a determinar el paso de la primera fase a la segunda, y el "umbral anaeróbico" va a determinar el paso de la segunda fase a la tercera. En este sentido, el "umbral aeróbico" es la intensidad del ejercicio a partir de la cual comienza a incrementarse la concentración de lactato en sangre por encima de los niveles de reposo (algunos autores lo sitúan en torno a 2 mmol/L, aunque comprobaremos que el lactato no se acumula puesto que el organismo es capaz de eliminarlo) y el "umbral anaeróbico" sería la intensidad de trabajo a partir de la cual comienza a acumularse el lactato en el organismo, produciéndose al mismo tiempo un incremento desproporcionado de la ventilación con respecto al consumo de oxígeno consumido (algunos autores lo sitúan en torno a 4 mmol/L de lactato en sangre). No obstante, existen técnicas no invasivas que tratan de determinar los umbrales en base a los cambios producidos en la ventilación (Ve), en el cociente respiratorio (Producción de CO_2/ Consumo de O_2) o en el equivalente respiratorio de oxígeno (volumen de aire necesario para llevar un litro de oxígeno a los tejidos).

A partir de este modelo Skinner y McLellan definen el umbral anaeróbico como "un incremento abrupto y continuo de la concentración de lactato en sangre durante un ejercicio gradual, que alcanza un valor medio de aproximadamente 4 mM/l."

Por otro lado, diferentes escuelas y autores han estudiado el concepto de "umbral", unos desde el punto de vista de la evolución del ácido láctico y otros desde el punto de vista de los parámetros ventilatorios, de ahí que hayan surgido deferentes términos y definiciones para un mismo proceso. Ante esta situación controvertida, y para evitar confusiones terminológicas, parece necesario mostrar los términos y definiciones más utilizados. A lo que nosotros hemos llamado "umbral aeróbico", otros autores lo han definido como umbral anaeróbico (Wasserman, 1964), umbral aeróbico (Kindermann, 1979), OPLA o inicio de la acumulación de lactato en plasma (Farrell, 1979) o umbral ventilatorio 1 (VT1) (Orr, 1982). De la misma forma, a lo que nosotros hemos llamado "umbral anaeróbico", otros lo han definido como umbral aeróbico-anaeróbico (Mader, 1976), umbral anaeróbico (Kindermann, 1979), OBLA o inicio de la acumulación de lactato en sangre (Sjodin, 1982) o umbral ventilatorio 2 (VT2) (Orr, 1982).

5.3. PRUEBAS DE VALORACIÓN DE LA RESISTENCIA ANAERÓBICA

Tal y como expresan algunos autores, existen gran cantidad de pruebas para la valoración del rendimiento ananeróbico, tanto de laboratorio como de campo. En este apartado destacaremos algunas pruebas de laboratorio, que consideramos de utilidad e interés, y las clasificaremos en función del tiempo de ejecución de dichas pruebas. Por tanto, vamos a distinguir entre:

- Pruebas de valoración de la resistencia anaeróbica a corto plazo: aquellas cuya duración supera los 15 segundos.

- Pruebas de valoración de la resistencia anaeróbica a medio plazo: con duraciones que no exceden los 45 segundos.

- Pruebas de valoración de la resistencia anaeróbica a largo plazo: con duraciones que van desde los 90 segundos hasta varios minutos.

5.3.1. PRUEBAS A CORTO PLAZO

5.3.1.1. PRUEBA DE LA ESCALERA DE MARGARIA-KALAMEN

El propósito de esta prueba es determinar la potencia anaeróbica aláctica, principalmente. Consiste en subir un tramo de escaleras, de al menos 12 peldaños, lo más rápidamente posible; previamente el sujeto debe realizar una carrera para tomar impulso de 6 metros.

Los escalones estándar serán de 17,5 cm de altura. Se mide el tiempo que tarda el sujeto de recorrer la distancia que separa el tercer y noveno escalón (o también sobre el sexto y el doceavo).

Siendo más específicos, se debe realizar con células fotoeléctricas, para disminuir el posible error que podamos obtener de la medición manual. A partir de aquí, se puede calcular fácilmente el máximo de la potencia desarrollada.

Protocolo:

En un tramo de escalera de al menos 12 peldaños, marque un punto de salida 6 metros antes del primer peldaño. Marque el tercero, el sexto y el noveno peldaño.

Correr hacia la escalera desde la posición de salida y suba las escaleras tan deprisa como pueda. Si puede, suba tres peldaños con cada zancada.

Repetir la prueba tres veces o hasta que crea que ha conseguido su mejor tiempo (en centésimas de segundo), dejando siempre entre 2 y 3 minutos de recuperación entre cada intento, para asegurar una recuperación completa.

Calcule la puntuación de su potencia con la siguiente forma.

$P = W \times 9,8 \times D / T$

donde:

P = potencia aláctica (watios)

9,8 = aceleración normal de la fuerza de la gravedad.

W = peso del sujeto (kg).

D = altura vertical entre el 8º y el 12º peldaño (metros).

T = tiempo entre el 8º y el 12º peldaño (segundos).

Nivel/Edad	15 – 20	20 – 30	30 – 40	40 – 50	+50
		Hombres			
Bajo	<113	<106	<85	<65	<50
Regular	114 – 149	107 – 139	86 – 111	66 – 84	51 – 65
Medio	150 – 187	140 – 175	112 – 140	85 – 105	66 – 82
Bueno	188 – 224	176 – 210	141 – 168	106 – 125	83 – 98
Excelente	>224	>210	>168	>125	>98
		Mujeres			
Bajo	<92	<85	<65	<50	<38
Regular	93 – 120	86 – 111	66 – 84	51 – 65	39 – 48
Medio	121 – 151	112 – 140	85 – 105	66 – 82	49 – 61
Bueno	152 – 182	141 – 168	106 – 125	83 – 98	62 – 75
Excelente	>182	>168	>125	>98	>75

Tabla 5.2. Valores de referencia del test de Margaria, según varios autores.

5.3.1.2. TEST DE BOSCO DE 15 SEGUNDOS DE SALTOS CONTINUADOS

Es un test para valorar la potencia anaeróbica aláctica y láctica durante la realización de una serie continuada de saltos efectuados a la máxima intensidad durante 15 segundos. Debemos analizar los valores máximos obtenidos y las pendientes que producen los índices de fatiga, así como los valores medios de potencia durante los 15 segundos. El valor máximo alcanzado corresponderá con la potencia anaeróbica aláctica, debiendo producirse durante los 3 primeros saltos del esfuerzo.

Si analizamos la media de la potencia obtenida durante los 15 segundos, obtendremos información de la potencia anaeróbica láctica, ya que este sistema energético adquiere una importante participación en la parte final de la prueba, aunque quizá sería necesario llevar a cabo saltos durante 30 o 45 segundos.

Para realizar el test necesitamos una esterilla de contacto la cual se compone de una esterilla con láminas sensibles a la presión que abren y cierran un circuito cuando el sujeto las pisa y está en el aire. De esta esterilla sale el circuito que se dirige a un microprocesador el cual cronometra el tiempo en el aire y calcula la potencia indirecta del tren inferior.

El individuo se colocará sobre la esterilla con la siguiente posición inicial:

- El tronco erguido.
- Los pies en contacto totalmente con la esterilla.
- Las rodillas a 180°.
- Las manos en la cintura en forma de jarra.

El test consiste en que partiendo desde la posición inicial antes indicada y habiendo introducido en el software los datos del sujeto, éste realice una serie de saltos verticales sucesivos durante 15 segundos realizando en todos ellos contramovimiento. El microprocesador que contiene la esterilla registra al final de la prueba los siguientes datos:

- El número de saltos.
- La altura media de los saltos.
- El tiempo total de vuelo.
- El tiempo de contacto con la plataforma.
- La potencia mecánica expresada en watios/kg.

5.3.2. PRUEBAS A MEDIO PLAZO

5.3.2.1. TEST DE WINGATE DE 30 SEGUNDOS

Es una prueba diseñada para evaluar el rendimiento anaeróbico, tanto aláctico, durante los primeros 5 segundos de esfuerzo, y el rendimiento láctico, durante los restantes segundos de la prueba. La motivación del sujeto es esencial, y los resultados de la prueba no serán válidos a menos que los sujetos apliquen un esfuerzo máximo a lo largo de todo el periodo de tiempo de duración del test. Por tanto, es fundamental que los sujetos rindan al límite de su físico desde el comienzo hasta el final de la prueba.

La prueba consiste en realizar un esfuerzo máximo sobre cicloergómetro durante 30 segundos, con una carga proporcional al peso del individuo. Dicha carga vendrá dada en función de su peso corporal. Además la proporcionalidad de la carga individual de resistencia variará según el cicloergómetro que utilicemos. En un cicloergómetro Fleisch la carga será de 45 g/Kg de peso corporal del sujeto, mientras que en un cicloergómetro Monark la carga será de 75 g/Kg de peso corporal.

Instrucciones para realizar la prueba:

Será necesaria la participación de más de un sujeto para obtener los datos (cronómetrador, ajuste de resistencia, contador de revoluciones).

Debemos protocolizar un calentamiento previo a la realización del test de 5-7 minutos con una graduación en intensidad que provoque una frecuencia cardiaca de 150-160 pulsaciones por minuto al final del mismo. El pedaleo debe estar intercalado con 4-5 segundos de sprints máximos para ayudar a que el sujeto obtenga una percepción de la verdadera prueba (1 sprint cada minuto de unos 5 segundos a partir de los 3 minutos).

Tras el calentamiento, el sujeto debe recuperar unos 2-3 minutos aproximadamente.

Durante la prueba el sujeto debe pedalear en el cicloergómetro con la mayor rapidez posible. Al mismo tiempo, la resistencia del ergómetro debe incrementar hasta alcanzar la resistencia predeterminada en 2-4 segundos. Esta resistencia debe ser igual a 0,075 veces la masa corporal (kg). En el momento preciso en que la resistencia alcanza el valor predeterminado, el sujeto debe pedalear a la máxima velocidad posible durante los 30 segundos que dura la prueba, cuantificando las revoluciones por minuto de pedaleo y registrándolas cada 5 segundos, para poder obtener luego los parámetros que queremos hallar.

Parámetros que podemos calcular:

A partir de la realización del test de Wingate, pueden calcularse tres mediciones que indican rendimiento del metabolismo anaeróbico del individuo:

Potencia máxima (absoluta y relativa) durante 5 segundos: indica el mayor valor de potencia alcanzado durante 5 segundos de la prueba y debe producirse normalmente en los primeros 5 segundos. Este parámetro nos da información acerca del rendimiento anaeróbico aláctico del sujeto. Los cálculos de las potencias relativas, tanto máxima como media, son interesantes, ya que nos ofrecen información del rendimiento de los deportistas teniendo en cuenta su peso corporal, lo cual es necesario tenerlo en cuenta para valorar los resultados obtenidos.

- Potencia máxima absoluta durante 5 segundos (PMA)
- PMA (w) = carga (kg) x máximo de revoluciones x 11,765
- Potencia máxima relativa durante 5 segundos (PMR)
- PMR (w/kg) = PMA / kg peso corporal

Potencia media (absoluta y relativa) durante 30 segundos: es igual a la producción media de potencia del músculo durante la prueba de 30 segundos. Puesto que el ATP y el PC almacenados se consumen en el transcurso de los 10 primeros segundos, esta medición refleja principalmente la producción de ATP a través de la glucólisis anaeróbica (degradación del glucógeno).

- Potencia Media Absoluta durante 30 segundos (PMEA)
- PMEA (w)= carga (kg) x promedio de revoluciones x 11,765
- Potencia Media Relativa durante 30 segundos (PMER)
- PMER (w/kg)= PMEA / kg

Índice de fatiga: refleja la capacidad del músculo para resistir la fatiga. El índice de fatiga es igual a la diferencia entre la mayor producción de potencia durante 5 segundos dividida por la menor producción de potencia durante 5 segundos. Una puntuación elevada ($\geq$ 45%) indica una resistencia muscular relativamente baja, mientras que una puntuación baja (≤ 30%) indica una buena capacidad para resistir la fatiga muscular. En este caso, es necesario destacar que debemos hacer una correcta interpretación del índice de fatiga, ya que en ocasiones, en función del objetivo del trabajo, es posible que incremente el índice de fatiga y no sea considerado como negativo, debido a una mejora en el rendimiento aláctico. Por tanto, es necesario una correcta interpretación de este índice para no extraer conclusiones erróneas.

Índice de Fatiga (IF) (%):

IF = (Pico más alto- pico más bajo de potencia) / pico más alto

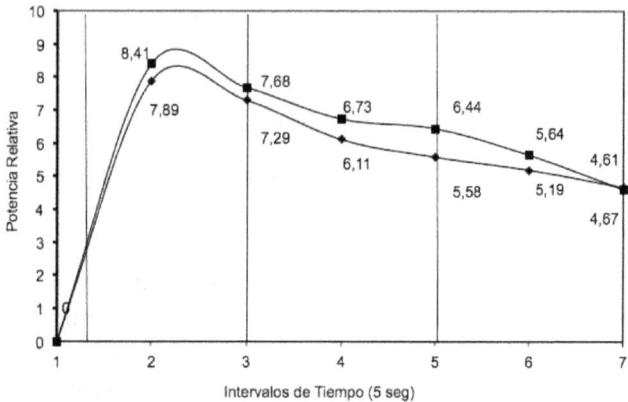

Figura 5.1. Ejemplo del desarrollo de la potencia relativa en el test de Wingate en dos estudiantes de la Facultad de Ciencias del Deporte de Cáceres.

5.3.2.2. PRUEBA DE CARGA CONSTANTE DE BRUYN-PRÉVOST

Esta prueba de valoración consiste en pedalear sobre un cicloergómetro contra una carga constante el mayor tiempo posible, hasta agotarse y no poder mantener la intensidad prefijada. El test vendrá acompañado de tomas de sangre para medir la concentración de lactato plasmático en el ejercicio. En este test la carga es constante, pero varía en función del sexo.

Para los hombres, la carga contra la cual deben pedalear es de 400 watios y el ritmo de pedaleo que se debe mantener se estipula entre las 124 y 128 revoluciones por minuto.

Para las mujeres, la carga contra la cual deben pedalear es de 350 watios y el ritmo de pedaleo que se debe mantener se estipula entre las 104 y las 108 revoluciones por minuto.

Tanto hombres como mujeres comenzarán a pedalear los 5 primeros segundos con 50 watios para a partir de ese tiempo aumentarles la carga a 400 y 350 watios respectivamente.

Instrucciones para realizar la prueba:

Al igual que en el test de Wingate, es necesario realizar un calentamiento progresivo, que intercale periodos de sprints con periodos de frecuencia constante de pedaleo: La duración no debe sobrepasar los 10 minutos de esfuerzo. Tras el calentamiento, el sujeto debe recuperar unos 2-3 minutos aproximadamente.

Al comienzo del test el sujeto comenzará a pedalear sobre una carga de 50 watios en los primeros 5 segundos. A partir de los 5 segundos subir la carga al sujeto a 350 watios si es mujer o 400 watios si es hombre. El sujeto deberá pedalear hasta llegar al paréntesis de revoluciones prefijado.

A partir de aquí se esperará hasta que el sujeto se agote, hasta que no pueda mantener la carga de resistencia sobre sus revoluciones por minuto.

Al final del test tomar una muestra de sangre para medir la concentración de lactato.

Parámetros que podemos calcular:

- El tiempo total de la prueba: es el tiempo desde que el sujeto comienza a pedalear hasta que llega al agotamiento.

- El tiempo de retraso: es el tiempo que transcurre desde que el sujeto comienza a pedalear hasta que consigue llegar a su paréntesis de revoluciones por minuto.

- La concentración de lactato en sangre: se tomará una muestra de sangre al sujeto antes y después del test.
- Un índice de valoración será resultado de la relación existente entre el tiempo total y el tiempo de retraso.

I = Tiempo total / tiempo de retraso

Este índice, junto con el resultado de la concentración de lactato en sangre, son utilizados para valorar el rendimiento anaeróbico.

En la siguiente tabla veremos una revisión de datos publicados sobre la prueba de carga constante de Bruyn – Prévost.

Referencia	T. Retraso (s)	T. Total (s)	Índice
Hombres jóvenes	11.0	46.0	4.58
Mujeres jóvenes	11.6	38.5	3.50
Estudiantes de E.F (hombres)	10.6	44.9	4.80
Estudiantes de E.F (mujeres)	11.1	42.5	4.30

Tabla 5.3. Datos de referencia de la prueba de Bruyn-Prévost, según varios autores.

5.3.3. PRUEBAS A LARGO PLAZO

5.3.3.1. TEST DE TAMRE 90

Este test nos permite medir la capacidad de rendimiento anaeróbico a larga plazo y la contribución del metabolismo aeróbico, es decir la respuesta del organismo a un esfuerzo de unos 90 segundos (anaeróbico láctico de 10 segundos a 2 minutos). Es una prueba de evaluación similar a la prueba de Wingate, salvo que la duración es mayor, 90 segundos, y la resistencia a vencer menor.

En estas condiciones, el rendimiento se distribuye a parte más o menos iguales en los sistemas de obtención de energía aeróbico y anaeróbico y, por lo tanto representa el límite superior de duración que puede utilizarse para evaluar la capacidad de rendimiento de los deportistas a nivel anaeróbico. Las ventajas de una prueba de esta duración son importantes porque permiten calcular la capacidad total de rendimiento de los sistemas anaeróbicos en condiciones máximas y cuantificar las disminuciones de rendimiento de un segmento de la prueba a otro (por ejemplo entre los 30 primeros y los 30 últimos segundos) para evaluar de forma indirecta las contribuciones y los fallos relativos de cada sistema de energía a medida que el trabajo progresa hasta los 90 segundos.

Cabe destacar, que en este tipo de pruebas (90 segundos), los sistemas de transporte y utilización de oxígeno pueden realizar una aportación significativa, ya que cuanto mayor sea el periodo de realización del esfuerzo, el sistema oxidativo será más decisivo. En este caso, los individuos que pueden movilizar con mayor rapidez sus sistemas de suministro y utilización de oxígeno y tiene una potencia aeróbica alta disfrutarán de ventajas en el rendimiento anaeróbico a medio y largo plazo.

La carga para la realización del test irá en función del ejecutante, variando los desarrollos de 50 – 53 el desarrollo grande y entre 13 – 16 el pequeño. Pero cuando el ejecutante escoja su desarrollo de carga apropiado deberá hacer siempre el test con el mismo desarrollo durante esa temporada.

Instrucciones para realizar la prueba:

Se debe realizar un calentamiento de unos 10-15 minutos, con aumentos de intensidad cortos, y que permitan terminar el calentamiento con pulsaciones por encima de 160 ppm.

Pedalear durante los 90 segundos que dura la prueba a la mayor velocidad posible.

Registrar la potencia o las revoluciones por minuto cada 5 o 10 segundos. SI lo hacemos cada 5 segundos obtendremos más datos intermedios, y permitirán realizar una mejor interpretación de la curva obtenida. Si no disponemos de colaboradores para registrar los datos cada 5 segundos, podremos optar por registrar datos cada 10 segundos.

Al terminar la prueba, realizar la toma de lactato.

Favorecer la recuperación, haciendo que el sujeto pedalee durante unos 10-15 minutos a ritmo moderado.

Información que podemos obtener:

- Rendimiento anaeróbico aláctico.
- Potencia máxima absoluta alcanzada o "pico de potencia".
- Potencia máxima relativa, es decir Potencia máxima/kg.
- Tiempo en que alcanza dicha potencia.
- Rendimiento anaeróbico láctico.
- Potencia media en los primeros 30 segundos.
- Potencia media en los primeros 60 segundos.
- Potencia media en los 90 segundos.

Estas potencias se obtienen sumando las potencias de los diferentes intervalos, divididas por el número de intervalos.

Cada uno de ellos, se refiere a la capacidad de rendimiento anaeróbico a corto, medio y largo plazo respectivamente.

Podemos observar también la pendiente de la curva de potencia, pues nos va a dar información acerca de la resistencia anaeróbica a largo plazo (capacidad anaeróbica láctica), y de la participación del metabolismo aeróbico en la última parte de la prueba, ya que en este tipo de pruebas también interviene de forma importante los sistemas aeróbicos de obtención de energía.

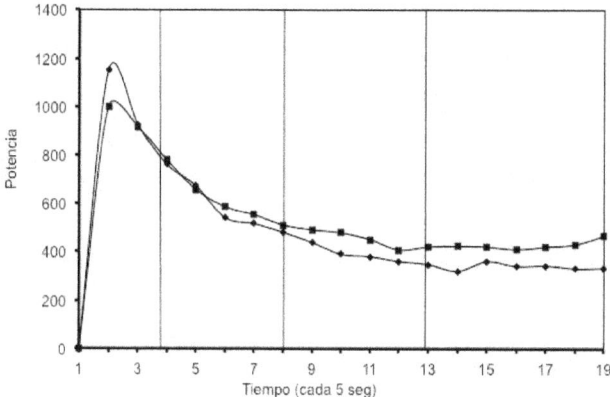

Figura 5.2. Ejemplo del desarrollo de la potencia en el test de Tamre en dos estudiantes de la Facultad de Ciencias del Deporte de Cáceres.

5.3.3.2. TEST DE LACTATO

En los últimos años se ha incrementado el uso de las curvas de lactato para valorar el rendimiento anaeróbico de los deportistas y prescribir el entrenamiento para diferentes actividades deportivas (Simon, Thiesmann y cols. 1983; Olbrecht, Madsen y cols. 1985). Se basa en la determinación de las diferentes zonas de trabajo con la ayuda de las concentraciones de lactato en sangre, de forma que podamos ajustar unas intensidades de entrenamiento a la carga que corresponde con el valor del umbral de lactato. Desde hace años, se estableció un valor de 4 mmol/L como umbral de lactato, a partir del cual los niveles de este parámetro incrementan como consecuencia del metabolismo empleado por el organismo para obtener energía. Sin embargo, en la realidad es cuestionable que los umbrales determinados con unas cargas progresivas correspondan con los valores de lactato en un rendimiento de resistencia (Beck, Mader y cols, 1990).

Los test escalonados, que nos permiten observar la curva de lactato-velocidad en toda su extensión, han sido los más empleados para calcular de forma bastante fiable las intensidades correspondientes a las diferentes zonas de entrenamiento.

En la confección del test escalonado, se utiliza el parámetro concentración de lactato en sangre y la intensidad de la carga, de tal manera que cada escalón tendrá una carga mayor que el anterior , viéndose interrumpidos por recuperaciones de igual duración.

El lactato es un parámetro que se ve influido por numerosos factores adicionales. Además de las fluctuaciones y errores que ofrecen los métodos para su determinación, existen otros factores que influyen en la calidad de los resultados obtenidos en la curva de rendimiento- lactato y que pueden ser relevantes para la validez del diagnóstico:

Número de escalones: se puede decir que un test progresivo con un número inferior a 4 escalones no permite un diagnóstico fiable de las diferentes zonas de trabajo.

La carga de cada uno de los escalones (intensidad, duración). Se han considerado válidas duraciones de escalones de 2 hasta 15 minutos.

La duración de las pausas. Dependiendo de las circunstancias se utilizan pausas de 1 minuto a 10 minutos. En cualquier caso, la pausa elegida para el test progresivo no debe variar a efectos de comparación de las curvas.

Aspectos previos a la realización del test. Para obtener un diagnóstico válido en la regulación del entrenamiento, se debe intentar realizar siempre el mismo protocolo durante el test.

Sudoración. Durante los escalones más avanzados del test, debido a la perdida de líquidos por medio de la sudoración, es más que probable que se produzca una hemoconcentración en sangre, lo cual conlleva la necesidad de realizar una corrección de los datos extraídos con los valores obtenidos en el hematocrito (p.e.: no es lo mismo 3,5 mmol/L de lactato para un hematocrito inicial de 45% que para un hematocrito en el momento de la extracción de 48%).

Necesidad de comprobar el umbral. La realización de tests incrementales nos permite obtener resultados y determinar zonas de trabajo y umbral de lactato. Es necesario la confirmación del umbral de lactato mediante la realización de un test de estado estable de larga duración, para observar realmente si a la intensidad a la que determinamos el umbral en la prueba incremental podemos trabajar en ese umbral. Normalmente obtenemos intensidades superiores al umbral, por lo que podríamos estar sobreestimando los datos obtenidos de la prueba incremental.

Análisis de las curvas de lactato:

Existen una serie de indicadores que nos van a permitir por un lado, determinar el estado de rendimiento de mi deportista, y por otro lado establecer las zonas de trabajo.

Los indicadores más utilizados son:

- Los niveles de rendimiento correspondientes a unos valores de concentración de lactato determinado (2, 3, 4 mmol/L). De ellos, el más utilizado es el de 4 mmol/L, como indicador del umbral anaeróbico del deportista, y el lactato máximo, como indicador del rendimiento del metabolismo anaeróbico y máxima producción de lactato. Sería ideal, no solamente determinar los niveles de 2, 4 mmol/L, sino acompañar esta información con parámetros ventilatorios, para confirmar la correcta identificación del umbral láctico.

- El valor de la pendiente de la curva (ver donde la curva pierde su linealidad), para determinar el rendimiento de cada una de los sistemas de obtención de energía. Uno de los problemas que se derivan de estos tests, es la variación de la carga de trabajo, que puede provocar un cambio metabólico importante, que impida la correcta identificación del umbral de lactato. Por ello recomendamos la confirmación de este umbral mediante un test de estado estable de larga duración.

No obstante, aunque se entienda que estos indicadores tienen una gran importancia para el diagnóstico, no existe una relación perfecta entre dichos indicadores y los datos que se obtienen en los distintos tipos de entrenamiento para la mejora del rendimiento.

La utilidad fundamental de la realización de tests de lactato para el control del entrenamiento, a parte de poder establecer zonas de trabajo, se basa en el análisis de las modificaciones de la curva de lactato. La curva de lactato permite las siguientes interpretaciones:

- Desplazamiento a la derecha, especialmente en la parte baja de la curva: mejora de la capacidad aeróbica.

- Desplazamiento a la derecha en la mitad de la curva: mejora de la potencia aeróbica (zona de transición, cerca de umbral anaeróbico).

- Desplazamiento a la derecha de la zona alta de la curva: mejora de sistema anaeróbica.

Los niveles máximos de lactato obtenidos por los deportistas en las pruebas de esfuerzo incrementales máximas nos pueden dar información acerca del grado de desarrollo de los diferentes sistemas de obtención de energía de dichos individuos. Así, los deportistas de pruebas aeróbicas obtendrán niveles máximos de lactato menores que aquellos deportistas especialistas en pruebas anaeróbicas. Sin embargo, tendrán un mayor rendimiento en los primeros escalones de la prueba, con niveles muy bajos de lactato hasta alcanzar el umbral anaeróbico. El tiempo de trabajo, una vez alcanzado el umbral anaeróbico, en deportistas aeróbicos, será muy reducido hasta el momento de finalizar la prueba, debido a las adaptaciones producidas por sus orientaciones de entrenamiento.

Los diferentes métodos de entrenamiento van a provocar un efecto determinado en la curva de lactato. El entrenamiento de baja intensidad y alto volumen, para la mejora de la capacidad aeróbica va a provocar una disminución en la pendiente en la parte baja de la tabla, hasta zonas cercanas a umbral anaeróbico. Por otro lado, el exceso de trabajo intenso sin tener una buena base aeróbica va a provocar que el sujeto alcance de forma rápida la zona de umbral anaeróbico, aumentando el tiempo de esfuerzo por encima de este punto, aunque la pendiente en la parte baja de la curva será excesivamente elevada.

De este modo, las curvas del lactato nos van a permitir establecer en que medida debemos trabajar uno u otro aspecto del rendimiento (planificación), además de establecer las diferentes zonas de trabajo.

5.4. REFERENCIAS

Acero, R., "Bases Teóricas del entrenamiento deportivo". Gymnos. Madrid. 1996.

Acero, R., "La Velocidad". Gymnos. Madrid. 1998.

Duncan MacDougall, Wenger A y Green J. "Evaluación fisiológica del deportista". Paidotribo. Barcelona. 1995.

Frederick F.A., Langevin R.C., Miletti J., Sacco M., Murphy, M.M., Patton IF. Development and assessment of the Monark cycle ergometer for anaerobic muscular exercise. USARIEM Tech Report No. T6/83, 1983.

García Manso, J.M., Navarro Valdivieso, M., Ruiz Caballero, J.A. "La resistencia". Gymnos. Madrid. 1998.

González Iturri, J.J., Villegas García J.A. "Valoración del Deportista. Aspectos Biomédicos y Funcionales". Monografías FEMEDE. Pamplona 1999.

Green, S. A definition and system view of anaerobic capacity. Eur J Appl Physiol 69: 168 – 173, 1994.

Harichaux, P., Medelli, J. "Tests de aptitud física y tests de esfuerzo". INDE. Barcelona. 2002.

Kindermann W, Simon G, Keul J. The significance of the aerobic anaerobic transition for determination of work load intensities during endurance training. *Eur. J. Appl, Physiol. 1979; 42:25-34.*

López, J.; Fernández, A. "Fisiología del ejercicio". Panamericana. Madrid. 2001.

López Chicharro, J., Legido Arce, J.C. "Umbral anaerobio". McGraw-Hill – Interamericana. Madrid. 1991.

Mader A, Liesen H, Heck H, Philippi H, Rost R, Schurch PA, Hollman W. Zur beurteilung der sportartsspezifischlen ausdauerleistungsfahigkeit im labor. *Sportarzt Sportmed. 1976; 27: 80-88.*

Orr GW, Greenn RL, Hughson GW, Bennet. A computer linear regression model to determine ventilatory anaerobic threshold. *J. Appl. Physiol. 1982; 52: 1349-1352.*

Sergeyevic, M., Dmitriyevich, V. "Fisiología del deportista". Paidotribo. Barcelona. 1995.

Sjodin B, Jacobs I, Svendenhag J. Changes in onset of blood lactate accumulation (OBLA) and muscle enzymes after training at OBLA. *Eur. J Appl Physiol. 1982; 49:45-47.*

Skinner, J.S., McLellan T.H. The transition from aerobic to anaerobic metabolism. Res. Q. Exer. Sport. 51: 234 – 248. 1980.

Villa, J.G., De Paz, J.A. Valoración de las baterías de pruebas físicas: test de laboratorio. En "Introducción a la Medicina y Ciencias del Deporte". Servicio de Publicaciones de Universidad de Oviedo. 1994.

Wasserman K, McIlroy MB. Detecting the threshold of anaerobic metabolism in cardiac patients during exercise. *Am. M. Cardiol. 1964; 14:844-852.*

CAPÍTULO 6
EVALUACIÓN DE LA FUERZA

Dr. Rafael Timón Andrada

6.1. INTRODUCCIÓN

Según Zarziocski (1989), la fuerza se podría definir como la capacidad para vencer o soportar una resistencia como consecuencia de una contracción muscular.

No obstante deberíamos distinguir entre:

- Fuerza absoluta: Máxima fuerza que es capaz de desarrollar el individuo en una sola repetición y en un gesto determinado.
- Fuerza relativa: Relación entre la fuerza máxima del individuo y su peso corporal.

Así un individuo puede tener mayor fuerza absoluta que otro que tenga menos peso, pero este último puede tener mayor fuerza absoluta que el primero. Otro término que también tiende a utilizarse es el de fuerza muscular relativa, que sería la relación entre la fuerza absoluta de ese músculo y el área de su sección transversal.

Generalmente, los test de fuerza se centran en la medición de la capacidad máxima de un músculo o grupo muscular para generar fuerza, no obstante, hay que distinguir a la hora de llevar a cabo la evaluación, entre:

- Fuerza máxima.
- Fuerza resistencia.
- Fuerza velocidad.

Por otro lado, a la hora de realizar las evaluaciones también es preciso distinguir entre los diferentes tipos de contracción muscular, a saber:

- Contracción isométrica, la fuerza y la resistencia se equilibran, no hay desplazamiento de fibras musculares y las necesidades circulatorias no son satisfechas puesto que como consecuencia de la contracción constante los capilares están cerrados.

- Contracción dinámica concéntrica, la fuerza muscular es suficiente para vencer la carga y se produce un acortamiento muscular.

- Contracción dinámica excéntrica, la fuerza muscular es insuficiente para desplazar la carga y se produce un alargamiento de las fibras musculares.

Por lo tanto, los test para valorar fuerza resistencia serán diferentes que para valorar fuerza velocidad, o los protocolos para valorar una contracción concéntrica serán diferentes a los de una contracción isométrica. En este sentido, el desarrollo de nuevos productos en este campo se está llevando a cabo con mucha rapidez y actualmente existen un gran número de sofisticados aparatos para valorar los diferentes tipos de fuerza

6.2. VALORACIÓN DE LA FUERZA RESISTENCIA

La fuerza resistencia se podría entender como la capacidad de un músculo para realizar un movimiento de forma repetida o para mantener la contracción de un músculo durante un tiempo sin que se produzca la aparición de la fatiga. En este tipo de fuerza van a predominar las contracciones de tipo isotónico (con componente concéntrico y excéntrico) y el aporte de sangre a los músculos es suficiente como para poder realizar el ejercicio durante un tiempo más o menos prolongado.

La fuerza resistencia de diferentes grupos musculares se puede valorar utilizando cargas externas (pesas) o sin cargas.

6.2.1. VALORACIÓN CON CARGAS EXTERNAS

En este caso, la carga no debe ser superior a un % del peso corporal del individuo. Dependiendo del grupo muscular a trabajar y de las características del individuo se aplicará un porcentaje u otro. George y cols (1996) nos propone una valoración del fitness muscular, que nosotros hemos adaptado ligeramente (ver tabla 6.1.)

Ejercicio	Hombres	Mujeres
Curl Biceps	25	15
Prensa piernas	50	40
Jalón polea alta	60	35
Press de Banca	60	35
Biceps femoral	25	20

Tabla 6.1. Porcentaje de carga a utilizar por cada ejercicio.

Por ejemplo, si un hombre pesa 70 kg y queremos valorar la fuerza resistencia en curl de bíceps, se pondrá la siguiente carga:

70 kg X 25% = 17.5 kg

De acuerdo con esto, y dependiendo de que sea un hombre o una mujer se hace una valoración de acuerdo a las tablas 6.2. y 6.3.

Nivel	Puntos	Curl biceps	Prensa piernas	Jalón polea	Press banca	Biceps femoral	Abdominales
Muy bajo	5	+2	0-3	0-3	0	0-1	0-22
Bajo	7	3-4	4-6	4-5	1-2	2-3	23-27
Regular	9	5-7	7-9	6-8	3-6	4-7	28-32
Bueno	11	8-9	10-12	9-10	7-10	8.10	33-36
Muy bueno	13	10-14	13-14	11-15	11-15	11-14	37-40
Excelente	15	15-20	15-19	16-24	16-20	15-19	41-44
Superior	17	+21	+20	+25	+21	+20	+45

Tabla 6.2. Valoración de ejercicios en la batería de fitness muscular en función del número de repeticiones (Hombres).

*(La tabla ha sido extraídas de la obra "Pruebas para la valoración de la capacidad motriz en el deporte. Evaluación de la condición física" de Manso, Valdivieso y Caballero, 1996).

Nivel	Puntos	Curl biceps	Prensa pierna	Jalón polea	Press banca	Biceps femoral	Abdominales
Muy bajo	5	+2	0-1	0-2	0	0	0-14
Bajo	7	3-5	2-4	3-5	1	1-2	15-19
Regular	9	6-7	5-7	6-8	2-4	3-4	20-24
Bueno	11	8-11	8-9	9-10	5-9	5-6	25-29
Muy bueno	13	12-15	10-12	11-15	10-15	7-9	30-33
Excelente	15	16-20	13-19	16-24	16-20	10-16	34-38
Superior	17	+21	+20	+25	+21	+17	+39

Tabla 6.3. Valoración de ejercicios en la batería de fitness muscular en función del número de repeticiones (Mujeres).

*(Las tablas ha sido extraídas de la obra "Pruebas para la valoración de la capacidad motriz en el deporte. Evaluación de la condición física" de Manso, Valdivieso y Caballero, 1996);

Finalmente, la puntuación obtenida en cada grupo muscular se suma y se comprueba el nivel obtenido (ver tabla 6.4.)

Nivel	Total de puntos
Bajo	Menos de 53
Regular	54-65
Bueno	66-77
Muy bueno	78-89
Excelente	Más de 80

Tabla 6.4. Valoración general.

Quizás los % de peso corporal establecidos por George y col (1996) pueden parecer bastante elevados, pero no hay que olvidar el nivel de entrenamiento del individuo y su capacidad. De todos modos consideramos una carga que se puede levantar más de 12-15 veces en una misma serie inicial, como una buena carga para valorar la fuerza resistencia, puesto que el número de repeticiones que se pueden realizar con una carga aumenta conforme disminuye esta. No obstante, si reducimos los porcentajes del peso corporal de esta tabla en un 15-20%, la fatiga tardará más tiempo en aparecer y se podrán realizar más repeticiones. Si optamos por esto no hay que olvidar que también habrá que reducir en la misma proporción los resultados de la valoración (bien, regular, etc).

Otros entrenadores utilizan el % de 1 Repetición Máxima para valorar la fuerza. En esta línea, la carga utilizadas debe mantenerse con valores bajos (en torno al 20- 30% de 1RM). Una carga que se puede levantar más de 12-15 veces en una misma serie inicial es una buena carga para valorar la fuerza resistencia, puesto que el número de repeticiones que se pueden realizar con una carga aumenta conforme disminuye esta.

Finalmente, hay que decir que con estos ejercicios podemos utilizar diferentes tipos de tecnologías (células de carga, máquinas isocinéticas, etc) con el fin de controlar con fiabilidad la pérdida de rendimiento que se produce en este tipo de ejercicios.

6.2.2. VALORACIÓN CON EL PESO DEL PROPIO CUERPO

De forma general, podemos decir que para la realización correcta de este tipo de test es fundamental tener en cuenta una serie de aspectos:

- Realizar correctamente la técnica del ejercicio.

- No implicar a otros músculos en el levantamiento de la carga.

- Realizar el movimiento en todo su recorrido (llegando hasta la extensión total del movimiento).

- Ejecutar las repeticiones al mismo ritmo, es decir, con la misma cadencia.

- Registrar correctamente los datos obtenidos.

- Este tipo de test y pruebas son fáciles de aplicar, poco costosas y no necesitan una gran cantidad de material, por ello están al alcance de todos y presentan gran utilidad. Existen tres opciones básicas de trabajo:

- Mantener una contracción isométrica durante el mayor tiempo posible.

- Realizar el máximo número de repeticiones de un ejercicio determinado y controlar el tiempo que ha tardado en realizarlo
- Realizar el máximo número de repeticiones en un plazo de tiempo fijo (en este caso el tiempo de trabajo debe ser lo suficientemente prolongado como para no equivocarlo con fuerza velocidad).

A continuación, veamos diferentes ejemplos bastante utilizados en el mundo de la educación física y el deporte.

6.2.2.1. TEST DE VALORACIÓN DE LA FUERZA ABDOMINAL

El ejercicio consistirá en ver cuantas abdominales realiza el individuo en 1 minuto. El individuo partirá de posición tumbada en decúbito dorsal, piernas flexionadas en 90° y pies apoyados en el piso. Las manos las podrá tener en la nuca o flexionadas sobre el pecho. La prueba consistirá en subir y bajar el tronco el mayor número de veces, con la consigna de que siempre la zona lumbar debe estar apoyada en el suelo.

Consigna: No se debe subir el tronco por encima de 40° y se puede realizar sobre una colchoneta para evitar cualquier tipo de dolor de espalda.

6.2.2.2. TEST DE VALORACIÓN DE LA DE FUERZA EXTENSORA DE LA COLUMNA

El individuo se situará en decúbito ventral, con la cadera a la altura del borde del plinto y el cuerpo flexionado hacia abajo (90° aprox. entre el torso y las piernas), con las manos entrelazadas en la nuca y los tobillos cogidos por el testeador. Durante un tiempo de 45 segundos el individuo deberá subir hasta la horizontal del plinto y volver a bajar. Al llegar a la horizontal el individuo deberá mantener la posición durante un instante.

Material: Un plinto y un cronómetro (si se quisiera valorar el tiempo)

Variante: Si el individuo tiene un buen nivel, para hacer la prueba puede coger algún peso y agarrarlo con las manos contra el pecho.

Consigna: No se debe sobrepasar la línea horizontal y tampoco se debe realizar durante un tiempo superior a los 45 seg para evitar daños en la zona lumbar.

6.2.2.3. TEST DE VALORACIÓN DE LA EXTENSIÓN DE BRAZOS EN CAÍDA FACIAL

Se trata de un ejercicio general en el que se valora la fuerza resistencia del tren superior, especialmente de pectorales y tríceps El individuo se sitúa en posición de caída facial, es decir, manos apoyadas en el suelo, un poco más de la anchura de los hombros, con la punta de los dedos mirando hacia delante y la punta de los pies también apoyadas en el suelo. El tronco y miembros inferiores en una misma línea. Manteniendo el tronco y las piernas en la misma línea, y sin que estos se apoyen en el suelo, se flexionan los brazos hasta que el pecho roce el piso y se vuelve a la posición inicial. Se ejecuta de forma continuada, tantas veces como sea posible.

Variante: Podrán emplearse dos posiciones iniciales distintas, tendentes a disminuir el peso que deben soportar los miembros superiores.

Cuerpo extendido, los pies apoyados en el piso y las manos sobre un banco sueco.

La posición inicial es con las manos apoyadas en el suelo y las rodillas también.

6.2.2.4. TEST DE SUBIDA DEL CUERPO EN BARRA (DOMINADAS)

Es un ejercicio de carácter general en el que se pretende valorar la fuerza del tren superior. Existen dos opciones:

Agarre con manos mirándonos a nosotros, con lo que se valorará especialmente la fuerza flexora de los brazos.

Agarre con manos hacia la barra, con lo que se valorará especialmente la fuerza del dorsal y de los adductores de la escápula.

El sujeto se suspende con toma dorsal o palmar. Para confeccionar normas propias o comparar resultados se recomienda utilizar siempre la misma toma. Se flexionan brazos hasta que el mentón sobrepase la barra y vuelve a la posición inicial, completamente extendido. Se continúa la ejecución tantas veces como sea posible.

Material: Una barra fija a una altura tal, que la persona suspendida en extensión total no toque el piso en ningún momento.

Consigna: No se permiten balanceos del cuerpo, ni impulsos de pierna, ni descansos entre las flexiones. Las flexiones parciales tampoco se cuentan.

6.2.2.5. TEST DE VALORACIÓN DE TRÍCEPS

Se colocan las barras paralelas a la altura de los hombros del sujeto. Este se coge del extremo de las barras y sube a la posición de apoyo con los brazos totalmente extendidos. Una vez aquí se flexionan los brazos hasta lograr un ángulo de 90º en el codo. De aquí, se extienden los brazos hasta volver a la posición inicial.

Consigna: No se permiten movimientos de piernas ni descansos entre repeticiones.

6.2.2.6. TEST DE VALORACIÓN ISOMÉTRICO DE BARRA

El objetivo es valorar la fuerza resistencia de los flexores de los brazos en condiciones isométricas. El testeado se suspende de la barra con toma palmar. Un ayudante lleva al ejecutante a la posición de suspensión con los brazos totalmente flexionados y el mentón sobre la barra. Se debe mantener la posición el mayor tiempo posible, registrándose el tiempo en segundos.

Consigna: Se detiene el registro del tiempo cuando el mentón toca la barra, cuando descienda por debajo de esta, o cuando el ejecutante debe extender la cabeza para mantener el mentón por encima de la barra. No se permitirán movimientos de miembros inferiores para mantener la posición.

6.2.2.7. TEST DE VALORACIÓN ISOMÉTRICO DE FUERZA RESISTENCIA DEL MUSLO.

Este test tiene su origen en una posición básica y estática de Karate, el "sikodachi". Pretende valorar la fuerza resitencia del muslo en condiciones isométricas, concretamente de los músculos cuadriceps, isquiotibiales y adductores de forma conjunta. El individuo deberá mantener la posición durante el mayor tiempo posible. La posición a mantener será la siguiente: Los pies mirando hacia fuera a una anchura un poco superior a la de hombros, y dentro de la misma línea. Las rodillas en flexión de 90° siguiendo la misma dirección que marcan los pies y el torso erecto y en posición anatómica.

Variante: Aquellos individuos que tengan un buen nivel, podrán aumentar la dificultad agarrando un peso contra el pecho.

6.3. VALORACIÓN DE LA FUERZA MÁXIMA

Según Letzelter (1990) la fuerza máxima es la mayor fuerza que es capaz de desarrollar el sistema nervioso y muscular por medio de una contracción máxima voluntaria.

Bosco (1994) la define como la capacidad de desarrollar fuerza para movilizar una carga máxima que no permite modular la velocidad de ejecución.

En este sentido, esta manifestación de la fuerza se puede manifestar tanto de forma estática como de forma dinámica, y en este sentido debemos desarrollar test que nos permitan valorar ambos tipos; la fuerza máxima isométrica (FMI) y la fuerza máxima dinámica (FMD). Respecto a la FMD es preciso decir que la tensión que genera el músculo a lo largo del rango de movimiento, a menos que se trabaje con máquinas isodinámicas u homólogas, va a variar.

6.3.1. FUERZA MÁXIMA DINÁMICA

La forma clásica de determinarla es mediante una sola repetición máxima para un músculo o grupo muscular con la mayor carga que pueda mover el individuo. En este tipo de ejercicios es fundamental tener una buena técnica de ejecución para que la valoración sea efectiva (no se "tira" con más músculos que con aquellos que nos interesa evaluar) y para evitar cualquier tipo de lesión. En este sentido, siempre es conveniente que existan un par de ayudantes vigilando para actuar rápidamente en el momento que sea preciso.

Para valorar la fuerza máxima de sujetos de edad avanzada o de aquellos individuos que no están muy acostumbrados a levantar grandes cargas se suelen hacer más repeticiones y establecer equivalencias. Las 10 repeticiones con una carga submáxima, a un ritmo determinado, también nos sirve para establecer el nivel de fuerza máxima dinámica, por equivalencias.

La tabla diseñada por Berger (1962) sigue teniendo validez para hacer una equivalencia entre el número de repeticiones y el % respecto al 100% de la fuerza máxima (1RM).

1 RM	2 RM	3 RM	4 RM	5 RM	6 RM	7 RM	8 RM	9 RM	10RM
100 %	97,4%	94,9%	92,4%	89,8%	87,6%	85,5%	83,3%	81,1%	78,9%

Tabla 6.5. Correspondencia de repeticiones máximas y porcentajes (Berger, 1962).

Existen dos pruebas básicas y bastante genéricas que se utilizan para valorar la fuerza máxima del tren inferior y del tren superior, en un gran número de modalidades deportivas; estas son sentadilla y press de banca.

6.3.1.1. PRESS DE BANCA

El protocolo para realizar 1 RM en press de banca sería el siguiente:

Sujetar la barra con las manos un poco más separadas que la amplitud de los hombros

Realizar 5 o 6 repeticiones con poca carga como calentamiento.

Elegir una resistencia (aproximadamente del 60% del peso corporal) y efectuar una repetición

Incrementar o reducir el peso en 2,5 o 5 kg hasta determinar cual es el peso máximo que se puede levantar. El individuo debe estar totalmente recuperado para volver a efectuar otra repetición.

La repetición será máxima y válida solamente cuando se efectúa una extensión completa de los brazos.

La espalda debe permanecer plana sobre el banco durante el levantamiento. Espirar al levantar el peso.

Bajar el peso con suavidad hasta la posición de partida.

6.3.1.2. SENTADILLA

El protocolo para realizar 1RM en sentadilla sería el siguiente:

En primer lugar se tendría que determinar el ángulo de piernas sobre el que vamos a efectuar la repetición máxima, ya sea de 90°, 120° ò 150°.

La barra se deberá soportar sobre los hombros sin presionar sobre las vértebras cervicales. La barra debe estar acolchada en su parte central para evitar dolores.

El sujeto valorado deberá estar con los pies paralelos, en la misma línea y a la anchura de los hombros. Los pies deben seguir la misma dirección que marquen las rodillas. Se puede poner una pequeña tablilla de 1 centímetro debajo de los talones.

En esta posición el sujeto efectuará 5 ó 6 repeticiones con poca carga como calentamiento.

Elegir una resistencia en torno al 80% del peso corporal y efectuar una repetición máxima.

Dos ayudantes incrementarán o reducirán la carga en 2.5 ò 5 kg hasta determinar cual es el peso máximo que se puede levantar.

La espalda permanecerá recta en el transcurso de todo el movimiento. Se aconseja la utilización de un cinturón de levantadores.

La repetición sólo será válida cuando se llegue a la extensión completa de las piernas.

Los ayudantes quitarán la carga rápidamente una vez ejecutada la repetición y en el transcurso del movimiento velarán por la seguridad del sujeto valorado.

En la obra de Legido y cols (1996) aparece la siguiente tabla de valoración para la prueba de sentadilla:

Valor	Hombres	Mujeres
100	120	70
90	110	60
80	100	50
70	90	40
60	80	30
50	70	20

Tabla 6.6. Valoración para la prueba de sentadilla (Legido y cols, 1996).

6.3.2. FUERZA MÁXIMA ISOMÉTRICA (FMI)

La fuerza isométrica se mide como la fuerza máxima producida por una contracción isométrica voluntaria máxima. En este tipo, la contracción muscular no llega a un desplazamiento pero sí se produce un aumento de la tensión del músculo. En este tipo de valoraciones es preciso tener en cuenta la duración de la contracción. Para poder alcanzar la FMI es preciso que la duración de la contracción dure entre 3 y 5 segundos, y el tiempo que dura esa FMI no suele sobrepasar la duración de 1 seg En cuanto al número de ensayos, en una prueba se suelen hacer dos o tres repeticiones.

No podemos olvidar que con este tipo de pruebas isométricas no podemos medir la potencia, puesto que en las contracciones isométricas no se realiza trabajo mecánico alguno (Desplazamiento y velocidad son iguales a cero). Sin embargo, se puede medir el ritmo de desarrollo de la fuerza (RDF), lo que permite estimar el rendimiento de potencia (Viitasalo, Hakkinen y Komi, 1981).

El ritmo de desarrollo de la fuerza es una medida del ritmo temporal al que se desarrolla la fuerza (las unidades son Newton por segundo o Newton por metro por segundo). El método consiste en dividir la fuerza máxima obtenida en un registro de fuerza-tiempo por el tiempo que se haya tardado en alcanzar el pico de fuerza. El valor calculado será el RDF medio durante la contracción. El RDF absoluto se mide como el tiempo transcurrido desde una fuerza absoluta de 100N a fuerzas de 500, 1500 y 2500 N. El máximo RDF tiene lugar a un 30% del pico de fuerza (Komi, 1992).

En la aplicación de estos métodos de valoración de la fuerza se deben cumplir una serie de requisitos metodológicos (García Manso, Navarro Valdivieso y Ruíz Caballero, 1996):

- Calibrar correctamente los aparatos antes de cada contracción muscular.
- Estandarizar la posición de los segmentos implicados en la contracción.

- Realizar una contracción entre 2 y 5 segundos de duración.
- Realizar un mínimo de tres ensayos por contracción.
- Instruir sobre el grado de desarrollo de la tensión (no es lo mismo decir "tira" que "levántalo o aprieta lentamente".
- Animar durante la ejecución.

A continuación pasamos a comentar los diferentes aparatos que existen para medir la fuerza máxima isométrica y los protocolos más empleados. Entre los aparatos más significativos tenemos:

- "Transductor" de fuerza (células de carga). Se consigue el máximo de fiabilidad y precisión. Puede ir acompañado de un soporte informático que ayude en la recogida de datos y su posterior tratamiento. Se utiliza un dispositivo electrónico, que presenta una variación de resistencia, en función de una fuerza que se ejerce sobre él y no provocando más que una deformación ínfima. El sistema está integrado en un clásico "puente de Wheatstone", que permite la lectura y el registro por galvanómetro o por un potenciómetro. Es costoso y debe utilizarse en perfecto conocimiento de causa. El *MYOSTAT* es un ejemplo muy difundido en Francia.

- Aparatos isocinéticos. El dispositivo BIODEX puede también ser utilizado en isométrico si se deja en cero la velocidad de desplazamiento.

  - Dinamómetros. Distinguimos dos tipos:
  - Dinamómetro de hoja o de resorte. El sujeto aprieta, por ejemplo, con una sola mano (Dinamómetro manual) el sistema, produciéndose una deformación reversible y proporcional a la fuerza desarrollada. Son sistemas poco costosos, pero más imprecisos que los anteriores (realizar al menos tres medidas para que sea representativo). Estos aparatos (modelos corrientes de Stoeling o de Smedley) pueden también funcionar en tracción, por ejemplo, para

valorar los músculos de los miembros inferiores o incluso del raquis lumbar.

- Dinamómetro de mercurio (tipo Henry). El sujeto aprieta con su mano una pera llena de mercurio, lo que provoca el desplazamiento de una columna de mercurio en un manómetro en U. En este aparato las características de prehensión manual son mucho más fisiológicas y por tanto la prueba es más representativa.

Para grandes grupos de poblaciones sedentarias o poco acostumbradas a la realización de actividades físicas intensas o a la utilización de pesas, han sido muy utilizados los "clásicos" dinamómetros (dinamómetro manual y lumbar). La forma de llevar a cabo la valoración de la Fuerza máxima isométrica con estos instrumentos es medida a través del método de Troisier, bajo la forma de fuerza máxima medida (cogiendo el valor más alto de los tres intentos, separados por un minuto de descanso) o bajo la forma de fuerza máxima teórica probable (FMT), añadiendo 25 % a la Fuerza máxima medida. El protocolo a seguir y la posición inicial a adoptar será la siguiente:

6.3.2.1. DINAMOMETRÍA MANUAL

Se utiliza cuando se pretende medir la fuerza prensora de la mano. Los pasos a seguir serán los siguientes:

- Colocar la aguja en el cero de la escala.

- El sujeto coge el dinamómetro en su mano, de tal forma que una de sus ramas apoye en la palma de la mano y la otra en la segunda falange de los cuatro últimos dedos. El indicador debe estar "mirando" hacia fuera.

- El individuo comprime entonces el aparato con la mayor fuerza posible, sin que el miembro superior que lo sostiene toque el cuerpo.

- Mantener la contracción durante al menos 3 segundos.

- La aguja marcará la fuerza realizada.
- Las siguientes repeticiones, hasta tres, deberán realizarse con un intervalo de descanso de 1 minuto entre ellas. Se cogerá el mejor resultado.

Nivel	Hombres	Mujeres
Bajo	<67	<34
Regular	68-86	35-46
Medio	87-104	47-58
Bueno	105-122	59-70
Excelente	>123	>71

Tabla 6.7. Valoración de la dinamometría manual (suma de las dos manos) en edades de 20-29 años (George y cols, 1986).

6.3.2.2. DINAMOMETRÍA LUMBAR O TREN INFERIOR

Para medir la fuerza de los extensores del raquis o del tren inferior se emplea un dinamómetro que cuenta con una plataforma en la que se engancha una cadena. Gracias a una barra que se engarza perpendicularmente a la cadena, el sujeto podrá tirar de ella y el registro quedará marcado en el dinamómetro.

- Valoración lumbar
- Calentamiento y estiramiento de la zona lumbar.
- Poner la aguja del dinamómetro en cero.
- El sujeto se sitúa sobre la plataforma, con el centro de sus pies a la altura de la cadena y las manos a la altura de los muslos. Las piernas permanecerán estiradas.
- El evaluador regula entonces la longitud de la cadena, de manera que la barra quede exactamente por debajo de la punta de los dedos del testeado. Este se inclina entonces hacia delante y toma la barra con una mano mirando hacia adelante y la otra hacia atrás.
- Desde esta posición tratará de levantar su tronco hasta la vertical, aplicando la fuerza continua, sin tirones.

- El esfuerzo quedara registrado en el dinamómetro.
- Los descansos se realizarán igual que antes.

Nivel	Hombres	Mujeres
Muy bueno	+130 kg	+90 kg
Normal	120-130 kg	70-90 Kg
Deficiente	-120 Kg	-70 Kg

Tabla 6.8. Valoración lumbar (Manso, Valdivieso y Ruíz Caballero, 1996).

6.3.2.3. VALORACIÓN DEL TREN INFERIOR

El protocolo es el siguiente:

- Calentamiento y estiramiento.
- Colocar la aguja del dinamómetro en cero.
- El sujeto comienza colocado igual que en el test anterior, pero ahora se pide al sujeto que flexione las rodillas a un ángulo de 120°, y se calcula la longitud de cadena de manera que la barra quede en el pliegue que se forma entre el muslo y el tronco.
- Se coloca una faja de tela fuerte que une firmemente ambos extremos de la barra, pasando por detrás (a la altura del sacro) del ejecutante. Esto evitará la intervención de otros grupos musculares no valorados.
- Desde esta posición se tratará de extender las rodillas.
- Los kilos levantados aparecerán en el dinamómetro.
- Descanso y repetición igual que en los test anteriores.

Aparte de la tradicional medida del pico máximo de fuerza, estas técnicas nos permiten obtener información sobre otro parámetro. La ejecución será similar a la explicada en los protocolos anteriores y podríamos obtener el índice de resistencia, referido al tiempo en el que el músculo ha perdido una fracción dada (35 o 50%) de su fuerza máxima inicial.

6.4. VALORACIÓN DE LA FUERZA VELOCIDAD

Kuznetsov (1984) define la fuerza velocidad como la capacidad de un atleta de vencer resistencias externas al movimiento con una gran velocidad de contracción. Esto permite al deportista acelerar una determinada masa y conseguir una alta velocidad.

Otros autores no hablan de fuerza-velocidad sino más bien de fuerza explosiva. Y Zarziorski (1989) considera la fuerza explosiva como una manifestación de la fuerza velocidad, entendiéndola como la capacidad para obtener elevados valores de fuerza en un tiempo muy corto.

En este sentido, será la resistencia a vencer la que determine las diferentes manifestaciones de la fuerza velocidad. Verhojanski (1992), dentro del mundo del deporte, distingue diferentes manifestaciones de la fuerza velocidad:

- Fuerza explosivo-tónica: Se refiere a fuerzas de desarrollo rápido contra cargas bastante altas, en las que actúan grandes músculos durante un cierto tiempo (ej: arrancada en halterofilia)

- Fuerza explosivo-balística: Se refiere a fuerzas de desarrollo rápido, en las que la carga a vencer es relativamente pequeña y el movimiento es de tipo balístico, es decir, después de realizar una tensión máxima, esta disminuye aunque el movimiento siga aumentando lentamente (ej: saltos o lanzamientos de artefactos ligeros).

Desde el punto de vista de la mecánica, la fuerza-velocidad queda reflejada a través de la potencia y muchas pruebas de valoración de este tipo de fuerza se centran en ese aspecto. La potencia se define como la relación del trabajo partido por el tiempo, aunque también se puede considerar el producto de la fuerza por la velocidad. La unidad del Sistema Internacional para la Potencia será el watio, de tal forma que 1 watio será igual al trabajo realizado a un ritmo de 1 julio / 1 segundo.

Si nos referimos a la vía metabólica que va a utilizar el músculo en situaciones de fuerza–velocidad, podemos decir que se trata de test anaeróbicos alácticos. Exploran esfuerzos intensos y de duración muy breve (menos de 7-10 segundos), correspondiéndose con la degradación del ATP y de la fosfocreatina intracelular. Se desarrolla una potencia máxima en un acto único o, como mucho, durante algunos segundos.

Por otro lado, esta manifestación de la fuerza va a depender de varios factores:

- Factores que determinan la fuerza máxima (sección transversal del músculo, hipertrofia, coordinación inter e intramuscular, etc).
- La capacidad de movilización rápida de unidades motrices.
- Cantidad de fibras de contracción rápida.
- Nivel de hipertrofia de las fibras FT o Tipo-II.
- Frecuencia de estimulación.
- Reclutamiento rápido de fibras y velocidad de contracción (el nivel de tensión que es capaz de generar un músculo está íntimamente relacionado con la velocidad con que ésta se produce).

Su valoración resulta algo más compleja que la de la fuerza máxima y en ocasiones es preciso disponer de tecnología cara y sofisticada. Vamos a distinguir diferentes test, unos son más validos para valorar la fuerza explosiva (tónica o balística) y otros para valorar la fuerza rápida. No obstante, también se puede aplicar alguna de estas pruebas para valorar la capacidad de aceleración del individuo, factor fundamental para obtener un buen rendimiento en velocidad.

- Utilización de pesas o sobrecargas (en arrancada o dos tiempos).
- Salto vertical.
- Test de Margaria y Kalamen.

- Plataformas de fuerza y de contacto (Saltos verticales).
- Test de lanzamientos.

6.4.1. UTILIZACIÓN DE PESAS O SOBRECARGAS EN ARRANCADA

La arrancada es un ejemplo concreto de fuerza-velocidad, concretamente de fuerza explosivo-tónica. Se trata de un sistema clásico y tradicional que exige un cierto nivel de técnica, tanto para hacer una buena ejecución como para evitar algún tipo de lesión. En individuos con una experiencia técnica suficiente, los resultados que se obtienen en arrancada deben ser iguales al 78% del que se debe obtener en un levantamiento en dos tiempos y de un valor igual al 62% del que corresponde a la sentadilla (Manso, Valdivieso, Caballero, 1996).

Sentadilla (kg)	Arrancada Hombres (Kg)	Arrancada Mujeres (Kg)
100	74.4	43.4
90	68.2	37.2
80	62	31
70	55.8	24.8
60	49.6	18.6
50	43.4	12.4

Tabla 6.9. Relación entre valor asignado a la sentadilla en relación con la arrancada.

Protocolo:

- Efectuar un calentamiento general (flexibilidad y estiramientos), incidiendo especialmente sobre los músculos erectores de la columna, zona lumbar y cintura escapular. Se reforzará la zona lumbar con un cinturón.

- Realizar 4 ó 5 repeticiones con poca carga, para ir ajustando la técnica.

- Poner la carga correspondiente y efectuar el movimiento. Se debe motivar y animar al individuo para que obtenga los mejores resultados.

- Se tendrá cuidado a la hora de bajar el peso.

Técnica de levantamiento:

En un levantamiento correcto la barra, desde la salida del suelo hasta la colocación, deberá seguir una trayectoria en forma de "S" terminada en una parábola en "garfio". El baricentro del cuerpo y el de la barra deberán estar lo más cercanos posible, para disminuir el momento de fuerza que se genera y para evitar desequilibrios del cuerpo. Se aconseja realizar la arrancada partiendo con la barra desde la altura de la rodilla, evitando el riesgo de efectuar una técnica errónea en sujetos no experimentados.

En esta prueba se puede poner un acelerómetro en la barra para ver la variación de la velocidad a lo largo del recorrido y de esta manera calcular el nivel de fuerza-velocidad del individuo. La fuerza desarrollada será igual a masa por aceleración. La única limitación de la técnica está en la necesidad de estudiar la aceleración en las diferentes direcciones (x,y,z).

6.4.2. TEST DEL SALTO VERTICAL

Protocolo:

Se pide al sujeto que flexione las piernas, y sin coger impulso, saltar lo más alto posible:

- sea, en la versión inicial del test, para tocar con la parte de arriba del cráneo un dispositivo que se desplaza progresivamente de abajo a arriba. Se miden los centímetros alcanzados (=b)
- sea una variante, para tocar con las extremidades de los dedos el punto más elevado de una escala vertical graduada. Se miden los centimetros (=a)

Se mide la altura del sujeto de pie inmóvil (=b´) o la distancia a la que llegan, de pie, las extremidades de los dedos con el brazo estirado (=a´). La altura del salto vertical es la diferencia de b – b´ o a – a´. Hay que tener en cuenta que la posición de extensión máxima del brazo no es necesariamente la misma entre la posición estática y la posición dinámica al final del salto, por ello, podemos decir que la primera forma es la mejor (evitando cualquier tipo de golpe desagradable sobre la cabeza).

Valoración:

- Se considera como flojo un valor inferior a 30 cm, mediano para 40 cm, bueno de 50 a 70 cm y excelente por encima de 80 cm.

- Por otra parte, Lewis propuso un nomograma que permite calcular la potencia anaeróbica aláctica del sujeto en función de la altura del salto y de su peso corporal. El "máximo explosivo" está dado por la fórmula:

- Potencia en Watios = 21,7 x Peso en Kg x altura en metros

- Por ejemplo, para un sujeto de 70 kg y una altura de salto de 0,60m será: 21,7 x 70 x 0,60= 911.4 W

Variantes:

Otras variantes del salto vertical han sido descritas:

- Con impulso vertical. El sujeto, de pie sobre un taburete, salta sobre el suelo y después efectúa su salto vertical

- Con impulso horizontal. El sujeto efectúa algunos metros de carrera antes del salto vertical.

- Con repetición de saltos. Georgesco, por analogía con el 10 RM, ha propuesto una variante de 10 saltos verticales sucesivos, con el contacto más breve posible entre dos saltos. Para él, la capacidad aláctica máxima es dada por la fórmula:

P x h x 1.5/t

en donde P es el peso expresado en kilogramos, h es la altura en metros y t representa la media en segundos del contacto con el suelo entre dos saltos.

6.4.3. TEST DE MARGARIA Y KALAMEN

También conocido como *test de celerometría*. Consiste en subir un tramo de escaleras, de al menos 12 peldaños, lo más rápidamente posible, después que el sujeto haya cogido un impulso por una carrera de 6 metros. El propósito de esta prueba es determinar la potencia anaeróbica aláctica, principalmente, de las piernas y de las caderas (flexión plantar, extensión de las rodillas y extensión de las caderas).

Los escalones estándar serán de 17,5 cm de altura. Para conocer la velocidad de ascensión, es preciso contar con un dispositivo más complejo que en el caso anterior. Dos células fotoeléctricas o dos plataformas de contacto colocadas sobre el tercer y noveno escalón (o también sobre el sexto y el doceavo) conectadas a un cronómetro electrónico que se activa al pasar por el primer de estos escalones y que se para al pasar por el segundo de los escalones determinados, dándonos el tiempo. A partir de aquí, se puede calcular fácilmente el máximo de la potencia desarrollada.

En caso de no contar con células fotoeléctricas, el test se puede realizar con un cronómetro manual, pero naturalmente la fiabilidad y validez serán menores.

Protocolo:

- El individuo deberá estirar y calentar los músculos implicados.

- En un tramo de escalera de al menos 12 peldaños, marque un punto de salida 6 metros antes del primer peldaño. Marque el tercero, el sexto y el noveno peldaño. Ponga células fotoeléctricas en el tercer y noveno peldaño para registrar el tiempo.

- Corra hacia la escalera desde la posición de salida y suba las escaleras tan deprisa como pueda. Si puede, suba tres peldaños con cada zancada.

- Repita la prueba al menos tres veces o hasta que crea que ha conseguido su mejor tiempo (en centésimas de segundo)
- Calcule la puntuación de su potencia.
- Potencia (Kgm/seg)= (F x d)/ tiempo

    Por ejemplo, si el sujeto pesa 70 kg y sube los seis escalones (sea 6 x 17,5 = 105 cm = 1.05m) en 0.6 segundos (o 60 centésimas de seg) esto representa una potencia de 122 Kgm por segundo, en el antiguo sistema de unidades, o sea 1200W (puesto que 1w = 0.102 Kgm/seg).

Valoración:

Años	Hombres 15-20	20.30	30-40	Mujeres 15-20	20-30	30-40
Mediocre	< 1100	< 1000	< 800	< 900	< 850	< 650
Medio	1500-1800	1300-1700	1100-1400	1200-1500	1100-1400	800-1000
Excelente	> 2.200	> 2.000	> 1300	> 1.800	> 1.700	> 1.200

Tabla 6.10. Valores calculados en watios por Margaria.

6.4.4. PLATAFORMAS DE FUERZA Y DE CONTACTO (SALTOS VERTICALES)

La plataforma de fuerza ofrece diferentes prestaciones a la de contacto. A nivel muy general, básicamente la plataforma de contacto mide el tiempo de vuelo y a partir de ahí se calcula la altura del salto, sin embargo, la plataforma de fuerza mide, además del tiempo de vuelo, la fuerza que se ejerce en cada uno de las direcciones (x,y,z), lo que va a ofrecer una mayor fiabilidad y validez.

Con las siguientes pruebas se pretende valorar la fuerza explosivo-balística del tren inferior. La utilización del salto vertical para valorar esta cualidad física aparece muy extendida en toda la bibliografía. La facilidad de ejecución de las pruebas y su común utilización en gran número de deportes permite eliminar problemas derivados de los procesos de familiarización del deportista con los diferentes tests.

Bosco, en la propuesta original, propone la media sentadilla-salto o squat jump (SJ), añadiendo cargas crecientes al ejecutante. El objetivo es determinar el tiempo de vuelo, que nos conducirá a la altura lograda en el salto. Lógicamente, a mayor carga menor altura de despegue y menor velocidad en la ejecución del salto, presentado un comportamiento hiperbólico de los resultados. Con la plataforma de fuerza, además podremos observar los vectores fuerza.

A pesar de que existen diferentes protocolos de salto (Squat jump, Countermovement Jump, Drop Jump), el objetivo de los tests con esta tecnología es tratar de determinar la curva fuerza-velocidad que podemos crear a partir de los diferentes tipos de salto vertical.

6.4.4.1. SQUAT-JUMP (SJ)

El sujeto se coloca sobre la plataforma con las manos en las caderas y las piernas flexionadas por la rodilla en un ángulo de 90ª (aunque se pueden utilizar otros ángulos; se pondrá el ángulo que más nos interese en función del deporte). Se mantendrá la posición durante 5 segundos para eliminar la mayor parte de la energía elástica acumulada durante la flexión, y luego, tratará de saltar lo más alto posible evitando realizar cualquier acción de contramovimiento y sin soltar las manos. Las manos se colocan en la cadera para que no ayuden en el salto. Komi (1992) encontró mejoras de un 10 % en el salto vertical.

Según Bosco, esta prueba determina la fuerza-exlosiva, la capacidad de reclutamiento nervioso y el % de fibras tipo I y tipo II (en función de la relación fuerza tiempo).

6.4.4.2. SJ CON CARGA CRECIENTE

Consiste en realizar el SJ, pero con carga creciente que va incrementándose en cada intento. Debe existir un tiempo de descanso amplio entre repetición y repetición. Los pesos se incrementarán con estandars (10 – 20- 30 – 40 kg, etc) o bien en porcentajes relativos al peso corporal (0%, 25%, 50 %...100%).

Bosco propone un índice que determina el equilibrio entre la fuerza y la velocidad y que nos servirá para controlar con eficacia el entrenamiento.

Índice de Bosco = SJ con carga igual al peso corporal/ SJ sin carga añadida.

6.4.4.3. SALTO EN CONTRAMOVIMIENTO (CMJ)

Es un test similar a SJ, pero en el que varía la posición de partida. El sujeto sale de posición vertical, sin doblar previamente las rodillas, a partir de la cual se flexiona y extiende las piernas a una alta velocidad de ejecución. Con el contramovimiento se aprovecha la energía elástica que se acumula durante la flexión. Durante un salto vertical simple, el almacenamiento y la recuperación de energía elástica en el músculo y en el tendón contribuyen en un 25-50% a la mejora de la actuación tras un gesto de contramovimiento. Esta mejora del salto se debe, además de la energía elástica acumulada, al reclutamiento reflejo de unidades motrices (reflejo miotático o de estiramiento). En este tipo de salto los brazos permanecen en la cintura.

6.4.4.4. TEST DE ABALAKOV

Similar al anterior, pero en este caso el salto vertical se debe coordinar con el impulso que proporcionan los brazos en un movimiento de abajo y atrás a adelante y arriba.

6.4.4.5. DROP JUMP (DJ)

Nos permite valorar la capacidad de fuerza refleja, aunque sin poder aislar la participación de componentes elásticos. El test consiste en caer desde una altura para posteriormente elevarse lo máximo posible (El DJ también se puede realizar con una carga adicional). Existen dos técnicas diferentes:

- Bounce drop jump (BDJ). Se pide al sujeto invertir la velocidad de descenso elevándose tan pronto como sea posible una vez que el deportista tome contacto con el suelo. Se valorará especialmente la capacidad elástica de la articulación del tobillo.
- Counter drop jump (CDJ). Se pide al sujeto que haga lo mismo de forma más gradual mediante una flexión más acentuada de las piernas a nivel de la rodilla.

6.4.5. TEST DE LANZAMIENTOS

Pretende valorar la fuerza velocidad (rápida o explosiva del tren superior), siendo los más utilizados:

- Lanzamientos a dos manos (frontal, sobre la cabeza, hacia atrás, etc).
- Lanzamientos a una mano.

Se realizarán uno u otro tipo en función de la modalidad deportiva que practique el deportista que queremos valorar. En este tipo de valoraciones trataremos de limitar, si queremos valorar sólo el tren superior, la actuación de las cadenas cinéticas del tren inferior. A continuación se presenta unas tablas de valoración extraídas de García Manso, Navarro Valdivieso y Ruíz Caballero (1996):

Valor	13-14 años		15-16 años		17-18 años		+ de 19 años	
	H	M	H	M	H	M	H	M
80	44.50	36	53.80	39	60.50	42	63.20	43
70	38.50	30	46.80	33	52.50	36	55.20	37
60	31.50	24	39.80	27	44.50	30	47.20	31
50	24.50	18	32.80	21	36.50	24	39.20	25
40	17.50	12	25.80	15	28.50	18	31.20	19
30	10.50	6	18.80	9	20.50	12	23.20	13
20	3.50	-	11.80	-	12.50	-	15.20	-

H = hombre y M = Mujer

Tabla 6.11. Valoración del lanzamiento de bola de 500 gr. según edad y sexo.

Valor	Hombres	Mujeres
100	13	9
90	12.05	8.40
80	11.10	7.80
70	10.15	7.14
60	9.20	6.60
50	8.25	6.00

Tabla 6.12. Lanzamiento frontal de balón a dos manos (3 kg)

Valor	Hombres	Mujeres
100	16	16
90	15.20	15.20
80	14.40	14.40
70	13.60	13.60
60	12.80	12.80
50	12	12

Tabla 6.13. Lanzamiento hacia atrás con bola de peso (7.250 kg hombres y 4 kg mujeres).

6.5. REFERENCIAS

Baechle T. Essentials of strength training and conditioning. USA. Human Kinetics. 1994.

Berger, R. Optimum repetitions for the development of strength. Res. Quart. 1952. 33: 334-338.

Bosco C, Luhtanen P. Komi PV. A simple method for measurement of mechanical power in jumping. Eur J Apl Physiol. 1983. 50: 273-282.

Bosco C. La valoración de la fuerza en el test de Bosco. Barcelona. Paidotribo. 1994

Fleck S, Kraemer W. Designing resistance training programs. USA. Human kinetics. 2004

García Manso, Navarro Valdivieso, Ruiz Caballero. Pruebas para la valoración de la capacidad motriz en el deporte: evaluación de la condición física. Madrid. Gymnos. 1996.

George D, Fisher AG, Vehrs R. Test y pruebas físicas. Barcelona. Paidotribo.1996.

González Badillo JJ, Ribas Serna J. Bases de la programación del entrenamiento de fuerza. Zaragoza. Inde. 2002.

Grosser M, Starischka S. Test de la condición física. Barcelona. Ed. Martínez Roca. 1992.

Komi P. Strength and power in sport. Oxford. Blackwell Scientific Pubications. 1992

Kuznetsov J. Metodología del entrenamiento de la fuerza para deportistas de alto nivel. Buenos Aires. Ed Stadium. 1984.

Legido JC, Segovia JC, Ballesteros JM. Valoración de la condición física por medio de test. Madrid. Ediciones Pedagógicas.1996.

Letzeletr H, Letzeletr M. Entrainement de la force. Vigot. Paris. 1990

Verjoshanski J. Entrenamiento deportivo: Planificación y programación, Barcelona. Martínez-Roca. 1992

Viitasalo JT, Hakkinen A, Komi PV. Isometric and dynamic force production and muscle fibre composition in man. J Hum Movement Stud. 1981. 7: 199-209.

VV.AA. El manual ACSM para la valoración y prescripción del ejercicio. Barcelona. Paidotribo. 1999.

Zatziorski VM, Donskoi D. Biomecánica de los ejercicios físicos. Moscu. Raduga 1989.

CAPÍTULO 7
EVALUACIÓN DE LA FLEXIBILIDAD

Dr. Diego Muñoz Marín

7.1. INTRODUCCIÓN

7.1.1. CONCEPTO

Durante los últimos años, las investigaciones en las Ciencias del Deporte han ido encaminadas al análisis de antiguas concepciones y determinar su grado de certeza, e incluso matizar posibles cuestiones no del todo claras. Entre estos estudios, la flexibilidad ha sido uno de los campos controvertidos, poniendo en duda en muchas ocasiones la idoneidad de la realización de estiramientos antes y después de la práctica deportiva, e incluso su vinculación con la prevención de lesiones.

Atendiendo al concepto de flexibilidad, generalmente se acostumbra a utilizar indistintamente los términos de flexibilidad, movilidad articular, soltura, estiramiento, amplitud de movimiento, etc., como sinónimos. Aunque en realidad la utilización común de todos estos conceptos no conlleva ningún problema de comprensión, es necesario establecer una definición de cada uno de ellos y describir su relación. Los conceptos más utilizados para definir la flexibilidad son los siguientes:

La flexibilidad se puede definir como "la combinación de factores articulares propiamente dichos (movilidad de una articulación), y factores musculares que rodean la articulación (elasticidad muscular)", donde, según García Manso y cols. (1996), la movilidad, en sí misma, representa la capacidad de movimiento de una articulación, e incluye los siguientes factores:

- Elongación de las fibras musculares.
- Estiramiento de los tendones y ligamentos que afectan a esa articulación.

- Movimiento permitido por la estructura de las paredes articulares.
- Factores relacionados con el reflejo miotático e inhibición recíproca.

Por su parte, según el mismo autor, la elasticidad muscular es una propiedad mecánica de los músculos, relacionada con la capacidad de los mismos de recuperar su posición inicial tras el cese de una fuerza externa.

Martín Acero (1993), define la Flexibilidad como la "capacidad de extensión máxima de un movimiento en una articulación determinada".

7.1.2. TIPOS DE FLEXIBILIDAD

Podemos distinguir diferentes tipos de flexibilidad, atendiendo a diversas clasificaciones realizadas por distintos autores, en las que se tienen en cuenta aspectos relacionados con la participación voluntaria o involuntaria en el estiramiento, existencia de movimiento y aspectos más centrados con la práctica deportiva.

Las clasificaciones más extendidas son aquellas que diferencian entre:

- Flexibilidad activa y pasiva: en función del grado de participación, voluntaria o involuntaria (mediante una fuerza externa), del sujeto en la contracción de los músculos agonistas y extensión de los antagonistas. En este sentido, Weineck (1988) afirma que la flexibilidad pasiva permite determinar en qué medida se puede llegar a mejorar la movilidad activa, e incluso, se establece un criterio de posibilidad de lesión, según la mayor o menor diferencia entre ambas.
- Estática y dinámica: según la forma de movimiento de la articulación y la existencia del mismo.
- General y específica: más aplicada al contexto deportivo, siendo específica aquella que se pone de manifiesto sobre una

articulación concreta y que está directamente implicada en el desarrollo de una acción técnica.

Otra clasificación es la propuesta por Matveiev (1985), quien establece una clasificación de la flexibilidad relacionada con los movimientos que se dan en la práctica deportiva, adaptándola a la ejecución eficaz de cualquier gesto deportivo. Este autor establece las siguientes distinciones:

- Movilidad absoluta: máxima amplitud de movimiento alcanzada por una articulación o grupo articular. Es la que se obtiene en los movimientos pasivos forzados de cada una de las articulaciones.

- Movilidad de trabajo: aquella que se alcanza en el transcurso de la ejecución real de una acción deportiva. Es la amplitud de movimiento lograda o alcanzada en los movimientos activos (p.e.: movilidad de cadera necesaria en el paso de vallas).

- Movilidad residual: es la capacidad articular de movimiento, siempre superior a la de trabajo, que el deportista debe desarrollar para prevenir posibles lesiones durante la práctica deportiva.

Atendiendo a esta clasificación, la movilidad sólo debe ser desarrollada en la medida en que sea necesaria para alcanzar una técnica gestual óptima y una utilización eficaz de las capacidades motoras de cada deporte. Por lo tanto, en la mayoría de los deportes, sólo interesa llegar hasta los niveles que corresponden a la movilidad residual, con la finalidad de proporcionar un margen de seguridad suficiente que evite el riesgo de lesión durante la ejecución real del movimiento deportivo o las rigideces que afectan al mismo.

7.1.3. BENEFICIOS OBTENIDOS DEL TRABAJO DE FLEXIBILIDAD

Tradicionalmente, muchos autores han considerado que la flexibilidad puede aportar innumerables beneficios a nuestro organismo, a todos los niveles. Entre ellos destacamos los siguientes:

- A nivel fisiológico
  - Retarda la aparición de la fatiga, ya que permite un mejor tránsito del flujo sanguíneo eliminando los productos de deshecho procedentes del metabolismo.
  - Relajación del tono muscular, recuperando éstos su longitud habitual.
  - Mejora la circulación y redistribución del flujo sanguíneo.

- A nivel mecánico
  - Favorece el equilibrio y la corrección de la postura, disminuyendo los posibles desequilibrios consecuencia de la realización de actividades asimétricas.
  - Mejora la amplitud de movimiento.
  - Facilita la economía del gesto técnico, tanto a nivel técnico como metabólico.
  - Factor determinante en distintas cualidades físicas, como la fuerza y la velocidad, favoreciendo su desarrollo y mejora.

- A nivel psíquico
  - Mejora la autoimagen, debido a la aumento de la capacidad para realizar movimientos sin ninguna rigidez y de forma eficaz.
  - Favorece estados de relajación, aprendiendo a distinguir niveles de tensión muscular, y utilizando estos métodos para la búsqueda de la misma.
  - Mejora el conocimiento de si mismo, ya que aprendemos a distinguir las diferentes partes de nuestro organismo, en relación a músculos, grupos articulares, etc.

Todos estos beneficios están relacionados con la mejora de la calidad de vida y facilitador de la salud. Sin embargo, existen informaciones al respecto relacionada con los efectos beneficiosos de la flexibilidad relacionada con el rendimiento.

Otro aspecto controvertido es la realización de ejercicios de estiramiento estático y dinámico. Durante mucho tiempo se ha rechazado la realización de estiramientos balísticos, o dinámicos. El estiramiento estático ha sido siempre el más aconsejado para deportistas, debido fundamentalmente a los pocos riesgos de lesión que comporta. Este tipo de estiramientos ha sido incluido en las rutinas de calentamiento de la mayoría de personas que realizan deporte. Sin embargo, en los últimos años han aparecido algunos trabajos que indican que este tipo de estiramientos son poco aconsejados antes de llevar a cabo entrenamientos y competiciones en deportes donde la fuerza explosiva puede ser un factor importante, ya que disminuyen el rendimiento del deportista, por su influencia negativa sobre la potencia muscular. Incluso, algunos de ellos dudan sobre sus posibles efectos beneficiosos en la prevención de lesiones (Kovacs, 2006).

Algunos estudios indican que el estiramiento estático previo a la realización de actividades de fuerza, velocidad y potencia, afecta negativamente sobre el rendimiento en este tipo de deportes (Cornwell y cols., 2002; Nelson y cols., 2005), ya que el estiramiento estático realizado sobre el calentamiento tiene interferencias negativas sobre la fuerza explosiva y capacidad de salto (Young y Behm, 2003). Esta disminución del rendimiento puede perdurar hasta 60 minutos después del estiramiento (Fowles y cols, 2000).

Por su parte, la mayorías de las acciones que se realizan en los deportes son dinámicas, por lo que consideramos este tipo de estiramientos como específicos de los deportes, y por ello, incluso necesarios, controlando la intensidad, duración, número de movimientos y velocidad de estiramiento. Deportes como la lucha, el kárate o la gimnasia requieren de hiperextensibilidad en algunas de sus articulaciones. En este sentido, es hay que tener en cuenta que la flexibilidad dinámica adquiere mayor importancia a la hora de prevenir lesiones y de facilitar la realización de determinados gestos técnicos de manera óptima.

7.1.4. FACTORES QUE INFLUYEN Y LIMITAN LA FLEXIBILIDAD

7.1.4.1. FACTORES ANATÓMICOS

El rango de movimiento (ROM) de una articulación viene definido por el ángulo que puede lograrse entre los distintos huesos que forman parte de la misma. Dicho ROM va a estar influenciado por todos las estructuras que forman la articulación, músculos implicados en los movimientos articulares, tendones que conexionan músculos con huesos que forman la articulación, etc. A continuación se expone cómo influye cada una de estas estructuras en el movimiento articular y cómo pueden limitar la movilidad de dicha articulación.

Las estructuras anatómicas de las articulaciones: la amplitud de movimiento está muy determinada por la estructura que presenta cada articulación.

Podemos distinguir los siguientes tipos de articulaciones, en función de la capacidad de movimiento de las mismas (Thibodeau y Patton, 1996):

- Sinartrosis o articulaciones fibrosas: los huesos que forman la articulación están unidos entre si y algunas presentan leves movimientos, aunque la mayoría son fijas presentan una capacidad de movimiento nula o muy pequeña (p.e huesos del cráneo)

- Anfiartrosis o articulaciones cartilaginosas: estas articulaciones solo permiten realizar movimientos muy limitados (p.e. sínfisis del pubis durante el parto).

- Diartrosis o articulaciones sinoviales: son articulaciones de libre movimiento. No solo son las más móviles del cuerpo, sino también las más numerosas y complejas (p.e. el hombro, cadera).

- Las limitaciones de estiramiento de la fibra muscular: los sarcómeros tienen una capacidad limitada de estiramiento, dentro de la fibra muscular, no todos los sarcómeros se elongan de igual modo. Los sarcómeros próximos a los tendones se estiran en mucha menor medida que los sarcómeros situados en la parte central de la fibra (Alter, 1993).

- Limitación en el estiramiento del tejido conectivo, tanto fibroso como elástico: El colágeno es el principal elemento integrador del tejido conectivo fibroso. Sus dos propiedades físicas principales son su gran resistencia a la tensión y su relativa inextensibilidad. Sólo son capaces de desarrollar un grado escaso de extensibilidad. No obstante, son muy resistentes a la tensión. Son los componentes de tendones y ligamentos. Si los tendones fuesen extensibles, los movimientos articulares no se llegarían a producir o serían imposibles, ya que no se produciría tracción de los mismos respecto a las articulaciones. Por su parte, los ligamentos dan consistencia a una articulación manteniendo los huesos en su lugar más apropiado.

- Hipertrofia muscular y exceso de tejido graso: según Alter (1993), ambos factores pueden limitar la amplitud de movimiento debido al contacto de segmentos adyacentes del cuerpo. El aumento de la sección transversal de las fibras musculares que se produce como consecuencia del entrenamiento de fuerza hipertrofia, reduce la capacidad del músculo para elongarse.

7.1.4.2. FACTORES FISIOLÓGICOS

Los sistemas esquelético y muscular van a ser los responsables de la capacidad de movimiento de una articulación. Entre los factores fisiológicos que van a limitar la amplitud de movimiento, vamos a destacar fundamentalmente los siguientes:

- Activación del reflejo miotático: la estimulación del reflejo miotático o de estiramiento puede resultar un factor limitante de la movilidad. Cuando se produce un cambio brusco en la longitud de un músculo, los receptores musculares, en este caso los husos musculares provocan una activación del reflejo de estiramiento, que contrae el músculo, provocando el efecto contrario al deseado.

- El equilibrio y control muscular inadecuado: debe existir un equilibrio entre la fuerza de la musculatura agonista (que produce el movimiento), y la elasticidad de la musculatura antagonista (que puede frenar el movimiento), e incluso debe existir la capacidad de la persona para producir una relajación que facilite la amplitud de movimiento (Alter, 1993).

7.1.4.3. OTROS FACTORES

- Edad: La flexibilidad es una cualidad física regresiva con la edad, disminuyendo progresivamente por los cambios en la elasticidad de los tejidos blandos y una disminución del nivel de la actividad física. Diferentes estudios realizados evidencian una degeneración marcada de la atrofia muscular como consecuencia del envejecimiento, produciéndose en la edad avanzada una sustitución del tejido adiposo y fibroso (colágeno). Todos estos cambios parecen ser responsables hasta cierto punto de la pérdida de flexibilidad relacionada con la edad.

- Lesiones e inmovilizaciones articulares: El tejido de las cicatrices suele ser menos extensible que el tejido sano. Muchas lesiones de articulaciones, ligamentos o músculos y tendones suelen requerir inmovilización de las articulaciones que puede dar lugar a una adaptación musculotendinosa que afecte la amplitud de movimiento en una articulación (Heerkens, 1986).

- Género: de forma general, en sujetos donde no ha existido un entrenamiento de flexibilidad específico, las niñas suelen ser más flexibles que los niños. Esta diferencia es debida fundamentalmente a la mayor masa muscular que poseen los hombres respecto de las mujeres, lo cual, como hemos comentado antes, es un factor limitante de dicha movilidad articular.

La carencia de actividad física es una causa importante de la falta de flexibilidad. Existen diversos estudios que ponen de manifiesto que las personas activas mantienen mayor grado de movilidad articular que aquellas que no practican ningún tipo de actividad (Hartley-O´brien,1980).

La temperatura es un factor bastante importante en cuanto a los valores obtenidos en evaluación de la flexibilidad. Existen algunos estudios que indican que cuando incrementamos la temperatura del músculo, podemos mejorar la amplitud de movimiento articular hasta un 20%, mientras que una disminución de la temperatura, por debajo de los 20°C, puede produce entre un 10% y un 20% de pérdida de ROM (Warren y cols, 1976). Esto da idea de la importancia del calentamiento previo a las pruebas de flexibilidad.

7.2. EVALUACION DE LA FLEXIBILIDAD DEL DEPORTISTA

7.2.1. OBJETIVOS DE LA EVALUACIÓN

La mayoría de los autores coinciden en considerar la flexibilidad como un componente importante dentro del rendimiento deportivo, la prevención de lesiones y la rehabilitación. Los objetivos de la evaluación de la flexibilidad en el deporte deberían ser los siguientes:

- Asegurarse de que el deportista puede realizar las habilidades que requiere el deporte ejerciendo una presión mínima sobre los tejidos de músculos y tendones.

- Controlar los aumentos y descensos de la flexibilidad como resultado del entrenamiento.

- Identificar las zonas que presentan algún tipo de problema que pueden estar asociadas con el rendimiento poco satisfactorio de un gesto determinado o con el riesgo de lesión.

- Evaluar el procedimiento de rehabilitación posterior a una lesión y determinar las aptitudes de un individuo para volver a participar en la competición.

7.2.2. CARACTERÍSTICAS DE LAS PRUEBAS

A la hora de llevar a cabo cualquier tipo de valoración de flexibilidad, hay que tener en cuenta una serie de aspectos que resaltamos a continuación:

- Seguridad razonable: se define como el riesgo aceptable al ejecutar una prueba. Tiene como objetivo fundamental no arriesgar la salud (bio-psico-social, ética, etc.) del evaluado más allá de lo éticamente necesario.

- Validez de la prueba: el grado en que un prueba mide aquel factor o componente que pretendemos medir.

- Fiabilidad de la prueba: grado de reproductibilidad de una medida, es decir, estabilidad de los resultados en el tiempo al aplicar una prueba.

- Exactitud: grado o magnitud del error de la medida en relación al valor real.

- Precisión: capacidad de discriminar entre dos valores próximos.

- Protocolo a seguir: es necesario realizar las mediciones siempre en las mismas condiciones, (temperatura, hora del día, calentamiento, etc., pues como ya hemos comentado anteriormente la temperatura es un factor limitante de la flexibilidad).

7.2.3. PRUEBAS DIRECTAS DE MEDICIÓN DE LA FLEXIBILIDAD ESTATICA

Antes de llevar a cabo la evaluación de la movilidad articular de un deportista, es necesario conocer las características y los movimientos específicos que se desarrollan en su modalidad deportiva. Una vez realizado el análisis de las principales articulaciones que intervienen en una modalidad deportiva, los movimientos que realizan y los músculos implicados en los mismos, presentaremos unas pruebas de evaluación de aquellas articulaciones más importantes que intervienen en la práctica del deporte.

Cabe destacar la división que realizamos de las pruebas, en directas e indirectas. La diferencia entre ambas es que mediante las pruebas directas medimos ángulos articulares mediante goniómetro, mientras que en las pruebas indirectas estimamos la movilidad articular mediante la obtención de resultados en centímetros.

Para medir el ángulo de la articulación en ambos extremos de la amplitud de movimiento, se emplea un goniómetro. El goniómetro es un instrumento tecnológico que nos permite determinar el grado de movimiento de una articulación. Para emplear el goniómetro, el centro del instrumento está colocado de modo que coincide con el punto de referencia de la articulación. Los brazos del goniómetro están alineados con el eje longitudinal de cada segmento móvil del cuerpo. La amplitud de movimiento es la diferencia entre los ángulos de la articulación (en grados) medida en los extremos del movimiento (Heyward, 2001).

El goniómetro presenta dos problemas importantes. En primer lugar, es difícil identificar el eje de movimiento para acciones complejas, como la flexión y la extensión de la muñeca, que implican más de dos articulaciones óseas. En segundo lugar, resulta dificultoso y complejo posicionar los brazos del goniómetro a lo largo de los huesos de los segmentos y mantenerlos en esa posición a lo largo de toda la medición. Por tanto, una parte del problema está en el instrumento y otra en el procedimiento de utilización del mismo.

No obstante, al utilizar el goniómetro hay que identificar los ejes de rotación de cada articulación y movimientos articulares, así como los puntos de referencia anatómicos de cada segmento para alinear los brazos del goniómetro.

SEGMENTOS	PUNTOS DE REFERENCIA DE LOS EJES	PUNTOS DE REFERENCIA PARA LA ALINEACIÓN DEL BRAZO
	CUELLO	
Flexión/ extensión	Nivel de C-5 en la parte lateral	Apófisis mastoideos
Inclinación lateral	Nivel C-5 en la parte posterior	Protuberancia occipital
Rotación	Calvaria (punto central sobre cabeza)	Línea occipitonasal (mitad de la nariz)
	HOMBRO	
Flexión/ extensión	Centro articulación glenohumeral calculado en mayor tuberosidad o en punta del acromion	Epicóndilo lateral del húmero
Abducción	A 1 cm distal del apex del acrom	Apófisis olécranon del húmero
Rotación	Apófisis olécranon del cúbito	Apófisis estiloides lunar
	CODO	
Flexión/ extensión	Epicóndilo lateral del húmero	Tercera articulación falángica metacarpiana (neutral) apófisis estiloides radial
	MUÑECA	
Flexión/ extensión	Apófisis estiloides lunar o hueso piramidal	Segunda articulación falángica metacarpiana
	CADERA	
Flexión/ extensión	Punta trocánter mayor fémur	Epicódilo lateral del fémur
Abducción	Punto medio entre espina iliaca superior anterior y el trocánter menor fémur y 1 cm medial	Apex de la patela
Rotación	Centro del talón del pie	Segundo dedo del pie
	RODILLA	
Flexión/ extensión	Epicóndilo lateral del fémur	Maleolo lateral
	TOBILLO	
Fl plantar/Fl dorsal	Punta del maleolo lateral	Quinta articulación falángica metatarsiana
Inversión/eversión	El pie está alineado con el eje tibial largo con el centro situado en mitad de los dos maleolos	Segundo dedo del pie (falange)
	TRONCO	
Inclinación lateral	Base del goniómetro sobre las espinas superiores iliacas con el centro en L-5/S-1	Línea central de la espalda (apófisis de la columna vertebral)

Tabla 7.1. Puntos de referencia anatómicos para la utilización de todo tipo de goniómetros (adaptado de Hoppenfeld, 1997).

A continuación presentamos una serie de pruebas directas para medir la movilidad articular de aquellos segmentos articulares implicados en el deporte. Por tanto, en estas pruebas de evaluación se utilizará como instrumento de medición el goniómetro:

- Flexión lateral del tronco: de pie, realizar una flexión lateral del tronco hasta el máximo, con brazos pegados al cuerpo. Se realiza hacia los dos lados. Se valora el ángulo entre la vertical del tronco y la que forma con la flexión.

- Aductores de la cadera: con el sujeto en posición de tendido supino con las piernas extendidas, separar y medir el ángulo entre el eje central del cuerpo y el eje central de una de las piernas. La separación no debe ser inferior a 30º..

- Test de cuadriceps o test de ely: se coloca al sujeto en posición de tendido prono. Flexionar la rodilla de forma asistida llevando el talón hacia el glúteo y manteniendo la cadera completamente extendida. Medir el ángulo de flexión (135º).

- Tendón de la corva: se coloca al sujeto tendido supino con una pierna extendida en prolongación al cuerpo y la otra pierna flexionada por la cadera hasta un ángulo de 90º. En esa posición tratar de extender la pierna elevada, evitando que la cadera y espalda se separen del apoyo. Este test permite ver el estado de los flexores de la cadera y los extensores de la cadera. Una buena flexibilidad permite una total extensión de la pierna elevada, mientras lo normal es que el sujeto testado, forme un ángulo de 80-85º manteniendo la pierna extendida y la espalda pegada al suelo.

- Gemelos: con el sujeto en posición de tendido supino y con una pierna totalmente extendida y elevada 45º, hacer flexión dorsal del pie. Se pueden lograr 20º de flexión dorsal en sujeto normales. La flexión plantar normal es de 50º.

- Flexión y extensión del tobillo: sentado en el suelo con piernas extendidas. Flexión dorsal del tobillo anotándose el ángulo. Igual operación para la flexión plantar. Se valoran los ángulos obtenidos.

-

Grados de movimiento de las principales articulaciones implicadas en el deporte	
Flexión de la cadera	Flexión activa con rodilla extendida – 90°
	Flexión activa con rodilla flexionada – 120°
	Flexión asistida con rodilla flexionada – 145°
Extensión de la cadera	Extensión activa con rodilla extendida –20°
	Extensión activa con rodilla flexionada –10°
	Extensión asistida con rodilla flexionada – 30°
Abducción aducción de la cadera	Abducción lateral de una pierna –35°
Rotación longitudinal de la cadera	Rotación interna –60°
	Rotación externa -30°
Rotación axial de la rodilla	Rotación axial activa interna –30°
	Rotación axial activa externa –40°
	Rotación axial pasiva interna –30°-35°
	Rotación axial pasiva externa –40°-45°
Flexión-extensión del tobillo	Flexión (dorsal) –20°-30°
	Extensión (flexión plantar) –30°-50°
Abducción-aducción del tobillo	Plano horizontal –35°-45°
Pronación y supinación del tobillo	Supinación –50°-55°
	Pronación –25°-30°
Abducción del hombro	180°
Rotación axial del hombro (brazo flexionado)	Rotación externa –80°
	Rotación interna –95°
Movimiento del hombro en el plano horizontal	Antepulsión más aducción anterior – 140°
	Retropulsión más aducción posterior – 30°
Movimiento del codo	Flexión activa –145°
	Flexión asistida –160°
Prono-supinación (codo en flexión de 90°)	Pronación –85°
	Supinación –90°

Tabla 7.2. Grados de movimiento de las principales articulaciones implicadas en el deporte (adaptado de Garcia Manso y cols., 1996).

7.2.3. PRUEBAS INDIRECTAS DE MEDICIÓN DE LA FLEXIBILIDAD ESTÁTICA

Para llevar a cabo una prueba de evaluación de flexibilidad debemos seguir siempre una serie de pasos para conseguir que la prueba sea lo más valida y fiable posible:

- Realizar un calentamiento adecuado.

- Administrar tres intentos de cada elemento de la prueba y medir la mejor puntuación obtenida hasta el medio centímetro más próximo empleando el flexomedidor.

En relación a la evaluación indirecta de la movilidad de una articular, a continuación se presentan distintas pruebas.

7.3.2.1. TEST DE CURETON

Tocar el suelo. El sujeto está de pie con las manos en los costados, se inclina hacia delante lentamente y toca el suelo con la punta de los dedos de las manos sin doblar las rodillas. Para pasar la prueba, los hombres deben tocar el suelo con las yemas de los dedos y las mujeres deben tocar el suelo con las yemas de los dedos y las mujeres deben tocarlo con las palmas de las manos.

Extensión de tronco (abdominal). El sujeto estirado prono con la cara hacia abajo sobre una mesa con los pies sujetos e intenta levantar la cabeza y el pecho, con un compañero sujetándole los pies. Se mide la distancia de la barbilla a la mesa.

7.3.2.2. TEST DE WELLS Y DILLON

Proponen las siguientes pruebas para la flexibilidad de la pierna y la espalda:

Flexiones hacia delante. El sujeto se sube a un banco de gimnasio y deja caer los brazos y el tronco relajados hacia adelante. El sujeto se inclina hacia delante tres veces y mantiene la posición de estiramiento máximo. Se mide la distancia desde el banco hasta la yema de los dedos. Por encima del banco es negativo, por debajo del banco es positivo. El sujeto no puede flexionar las rodillas, ya que se consideraría como valor nulo.

"Seat and reach". El sujeto se sienta sobre el suelo con las plantas de los pies apoyadas en un tope e intenta llegar lo más lejos posible con la punta de los dedos. Se mide la distancia alcanzada respecto a la proyección vertical sobre la que se apoyan los pies.

La valoración de la prueba la podemos observar en la siguiente tabla:

PUNTUACIÓN	HOMBRES	MUJERES
Baja	< 14 cm	< 30 cm
Regular	14.1 – 24	30.1 – 33
Normal	24.1 – 35	33.1 – 37
Buena	35.1 – 45	37.1 – 41
Excelente	> 45	> 41

Tabla 7.3. Valores de "seat and reach" para edades comprendidas entre 20 y 29 años; adaptado del Canadian Public Health Association Project (1977) (en George y cols., 2005).

Existe una versión modificada del este test, que varia del primero en la colocación del punto de origen a partir del cual se desplaza el sujeto hacia delante. En este caso, se considera como valor 0 el punto donde el sujeto alcanza con sus manos desde la posición inicial.

Hombro: coger con las dos manos una cuerda y con los brazos estirados llevarla hacia atrás por encima de la cabeza, hasta el punto máximo. Se valora la distancia de agarre entre manos.

Elevación de hombro: tendido prono, sujetando un palo con los brazos estirados, elevarlos sin despegar la cabeza del suelo. Se valora la distancia del suelo al palo.

Aductores, lumbares y zona dorsal: colocarse con los pies en las marcas sobre una cinta métrica adosada al suelo y flexionar el tronco llevando los dedos lo más lejos posible. Se valora hasta donde llegan los dedos sin perder el equilibrio.

Flexión de cadera: el sujeto se coloca de cúbito supino, con las piernas estiradas. A continuación realiza una flexión máxima de cadera y rodilla apretándolas contra el pecho, ayudándose de las manos. Se mide la distancia del cóndilo del fémur al suelo.

Aductores de cadera: el sujeto sentado, realizando el estiramiento denominado comúnmente "mariposa". Se mide la distancia entre la rodilla y el suelo.

Cabe destacar que en la bibliografía podemos encontrar más pruebas para la valoración de la amplitud de movimiento de las articulaciones, tanto directas como indirectas, por lo que hemos querido destacar en el texto las más importantes.

7.3. EVALUACION DE LA FLEXIBILIDAD EN DIFERENTES DEPORTES

Los procedimientos de evaluación deben incluir una medición de la amplitud de movimiento en una articulación o serie de articulaciones que indique la capacidad del músculo para alargarse dentro de las limitaciones estructurales de la articulación.

Por tanto para realizar la evaluación de la flexibilidad en un deporte concreto debemos de analizar las exigencias de dicho deporte, en cuanto a amplitud de movimientos se refiere, y determinar qué articulaciones son las que están implicadas en la mayoría de los movimientos o gestos técnicos del deporte en cuestión. Una vez conocido esto, nos dispondremos a elegir los métodos y las pruebas más acordes para evaluar la flexibilidad atendiendo a las características de las mismas expuestas anteriormente, tales como validez, fiabilidad, etc.

El análisis que debemos hacer del deporte sobre el cual queramos hacer una evaluación de la flexibilidad debe ir orientado a las articulaciones implicadas en las acciones técnicas y a los movimientos que realizan las articulaciones en dichas acciones. Por tanto, en función de este análisis determinaremos el tipo de prueba que debemos elegir y el tipo de articulación y movimiento que debemos evaluar.

A continuación, se expone una tabla en la que se especifica las articulaciones implicadas en diferentes deportes y el tipo de movimientos que realizan (Mac Dougall y cols., 1995).

Actividades	Cadera	Rodilla	Tobillo	Hombro	Codo	Muñeca	Tronco
Carreras de obstáculos	Ad/abd Fl/ex Rot	Fl/ext					
Salto	Fl/ex	Fl/ex					Fl/ex
Natación	Fl/ex Ad/abd Rot		Fl/ex In/ev	Fl/ex Ad/abd Rot			
Lanzar una pelota	Fl/ex			Fl/ex Ad/abd	S/P Fl/ex	Fl/ex	Rot
Fútbol	Fl/ex Rot Ad/abd	Fl/ex	Fl/ex In/ev				
Ciclismo	Fl/ext	Fl/ex	Fl/ex				Fl/ex
Carreras de larga distancia	Fl/ex	Fl/ex	Fl/ex				

Nota. *Abd* = abducción, *Ad* = aducción, *Ex*= extensión, *Fl*= flexión, *Ev*= eversión, *In*= inversión, *P*= pronación, *S*= supinación, *Rot*= rotación.

Tabla 7.4. Principales movimientos articulares asociados con la puesta en práctica de las habilidades de algunas actividades (adaptado de Mac Dougall y cols., 1995).

7.4. INTERPRETACIÓN Y VALORACIÓN DE LOS RESULTADOS

Atendiendo a la bibliografía existente, resulta complicada la interpretación de los resultados porque no nos ofrece datos normativos acerca de las amplitudes de movimiento normales para deportes concretos. Hay muy poca información respecto a las amplitudes de movimiento reales que implican las diferentes habilidades deportivas.

Existen unos baremos o tablas que pueden utilizarse para realizar comparaciones generales. De todas formas, el entrenador o evaluador de la flexibilidad debe conocer y ser capaz de identificar aquellos músculos y articulaciones que considere más relevantes en la práctica del deporte que se trate. y aquellos movimientos específicos asociados con los aspectos técnicos y físicos de dicho deporte. Los resultados obtenidos y los datos normativos no son suficientes para hacer pronósticos acerca de la puesta en práctica con mayor o menor éxito de una habilidad ni de la prevención de lesiones pero pueden resultar útiles a la hora de identificar individuos con amplitudes de movimiento adecuadas o características que necesitan especial atención.

La comparación entre las mediciones de los lados derecho e izquierdo del cuerpo pueden resultar útiles para evaluar la flexibilidad. La mayoría de las investigaciones han demostrado que hay muy poca diferencia entre los dos lados de un individuo normal. Por consiguiente, grandes diferencias detectadas entre ambos lados son reflejo del efecto de un entrenamiento mayor en uno de los lados, por lo que puede suponer problemas de salud a largo plazo.

Por otra parte, es importante la comparación entre los datos obtenidos por un mismo sujeto en diferentes pruebas que evalúen los mismos grupos musculares o articulaciones, es decir, comparación entre pruebas directas e indirectas, en las cuales debe existir una relación claramente determinada.

También es importante el análisis de los datos obtenidos de forma pasiva y de forma activa, pues como hemos comentado antes, cuanto mayor sea la diferencia entre ambas medidas, mayor es la posibilidad de lesión del deportista. Además el registro de la movilidad pasiva nos permite determinar en qué medida podemos mejorar la flexibilidad activa, que es la que realmente nos interesa mejorar, debido a que es la que se da en las actividades físicas en general y en el fútbol en particular.

7.5. REFERENCIAS

Alter, Michael J. (1993). "Los estiramientos. Desarrollo de ejercicios". Paidotribo. 3ª edición. Barcelona.

Beaulieu, J.E. (1981). "Developing a stretching program". The Physician and Sportsmedicine, 9, 59-69.

Cailliet, R. (1981a). "Low back pain syndrome". Philadelphia: F.A. Davis.

Cornelius, W.L. (1983). "Stretch evoked emg activity by isometric contraction and submaximal concentric contraction". Athletic Training, 18, 106-109.

Cornwell, A., Nelson, A. G., Sidaway, B. (2002) Acute effects of stretching on the neuromechanical properties of the triceps surae muscle complex. Eur J Appl Physiol, 86:428-434.

Fowles, J.R., Sale, D.G., MacDougall, J.D. (2000). Reduced strength after passive stretch of the human plantar flexors. J Appl Physiol, 89(3), 1179-1188.

García Manso, JM., Navarro Valdivieso, M., Ruiz Caballero, JA. (1996). "Bases teóricas del entrenamiento deportivo". Gymnos. Madrid.

García Manso, JM., Navarro Valdivieso, M., Ruiz Caballero, JA. (1996). "Pruebas para la valoración de la capacidad motriz en el deporte". Gymnos. Madrid.

George, JD., Fisher, AG., Vehrs, PR. (2005). "Pruebas de actitud física", 4ª edición.Paidotribo. Barcelona

Hartley-O'Brien, S.J. (1980). "Six mobilizations exercises for active range of hip flexion". Research Quarterly for Exercise and Sport, 51, 625-635.

Heerkens YF, Woittiez RD, Huijing PA, Huson A, van Ingen Schenau GJ, Rozendal RH. (1986). "Passive resistance of the human knee: the effect of immobilization". J Biomed Eng, 8(2):95-104.

Heyward, VH. (2001). "Evaluación y prescripción del ejercicio". Paidotribo. Barcelona.

Hopenfeld, S. (1997). "Exploración física de la columna vertebral y las extremidades". Manual Moderno. México.

Ibáñez Riestra, Torrebadella F. (1997) "1004 ejercicios de flexibilidad". Paidotribo. 4ª edición. Barcelona.

Kovacs, M. S. (2006). Is static stretching for tennis beneficial? A brief review. Medicine and Science in Tennis, 11(2): 14-16.

Mac Dougall, Wenger H, Green H. (1995). "Evaluación fisiológica del deportista". Paidotribo. Barcelona.

Martín Acero, R. (1994). "Metodología del entrenamiento para el desarrollo de la velocidad y la flexibilidad". Módulo 2.2.3. Master de Alto Rendimiento Deportivo.

Matveyev, L. (1985). "Fundamentos del entrenamiento deportivo". Moscú. Ráduga.

Nelson, A. G., Driscoll, N. M., Young, M. A., Schexnayder, I. C. (2005). Acute effects of passive muscle stretching on sprint performance. Journal of Sports Sciences, 23(5): 449-454.

Thibodeau A., Patton T. (1996) "Anatomía y fisiología. Estructura y función del cuerpo humano". Segunda Edición. Mosby. Madrid.

Warren, C.G., Lehmann, J.F., Koblanski, J.N. (1976). "Heat and stretch procedures: an evaluation using rat tail tendon". Archives of Physical Medicine and Rehabilitation, 57, 122-126.

Weineck, J. (1988). "Entrenamiento óptimo". Hispano Europea. Barcelona.

Wright, V., Johns, R.J. (1960). "Physical factors concerned with the stiffness of normal and diseased joints". Bulletin of Johns Hopkins Hospital, 106, 215-231.

Young, W. B., Behm, D. G. Effects of running, static stretching and practice jumps on explosive force production and jumping performance. Journal of Sports Medicine and Physical Fitness, 43: 21-27, 2003.

CAPÍTULO 8
EVALUACIÓN DE LA CONDICIÓN FÍSICA EN ADULTOS Y MAYORES

Dra. María Concepción Robles Gil

8.1. INTRODUCCIÓN

El término condición física es la traducción española del concepto inglés "physical fitness", que hace referencia a la capacidad o potencial físico de una persona. Al referirnos en general a la condición física, solemos identificarla con rendimiento. Sin embargo, al referirla a una población especial, como es el caso de una población mayor, la condición física se identifica con la capacidad para desarrollar las actividades normales de la vida diaria, lo que se conoce como condición física funcional, por su relación con la funcionalidad. La condición física funcional se define como "la capacidad física para desarrollar las actividades normales de la vida diaria de forma segura e independiente y sin excesiva fatiga" (Rikli y Jones, 2001). Es de vital importancia para la calidad de vida de las personas ya que determina la medida en que las personas pueden manejarse con autonomía en su vida diaria.

El ejercicio físico, además de reducir los cambios fisiológicos asociados al envejecimiento, contribuye a mejorar la salud psicológica y el bienestar, incrementa la longevidad y disminuye el riesgo de las enfermedades crónicas.

Para poder adaptar un programa de ejercicio físico, así como la valoración de la condición física que realizaremos a un colectivo de mayores, debemos conocer cuáles son los cambios fisiológicos que se producen con el envejecimiento, así como los beneficios que obtendremos con la práctica regular de ejercicio físico.

VARIABLES	ENVEJECIMIENTO	ENTRENAMIENTO
Frecuencia cardiaca en reposo	Poco o ningún cambio	Disminuye
Gasto cardiaco máximo	Disminuye	Aumenta
Presión sanguínea de reposo y ejercicio	Aumenta	Disminuye
Consumo máximo oxígeno	Disminuye	Aumenta
HDL-C	Disminuye	Aumenta
Tiempo de reacción	Disminuye	Aumenta
Fuerza muscular	Disminuye	Aumenta
Resistencia muscular	Disminuye	Aumenta
Masa ósea	Disminuye	Aumenta
Flexibilidad	Disminuye	Aumenta
Masa libre de grasa	Disminuye	Aumenta
Porcentaje de grasa	Aumenta	Disminuye
Tolerancia a la glucosa	Disminuye	Aumenta
Tiempo de recuperación	Aumenta	Disminuye

Tabla 8.1. Efectos del envejecimiento y del entrenamiento (ACSM Guidelines for Exercising and Prescription, 1995)

Las personas mayores deben someterse a un reconocimiento médico antes de realizar cualquier tipo de ejercicio. Una vez obtenido el visto bueno por parte de los facultativos médicos, se realizarán una serie de pruebas para valorar su condición física, composición corporal, etc. Esta valoración inicial resulta imprescindible a la vez que muy útil para plantear el programa de ejercicio físico y educar a los sujetos en función de su nivel individual.

Un aspecto de extraordinaria importancia en los ancianos es la disminución de la capacidad física conforme avanza la edad, un fenómeno previsible y que puede detenerse o ralentizarse poniendo especial atención sobre el nivel de actividad física. Muchas personas mayores, debido a sus estilos de vida sedentarios, están peligrosamente cerca de su nivel de capacidad máxima durante actividades normales de la vida diaria. Levantarse de una silla o subir las escaleras requieren de esfuerzos máximos en aquellos ancianos que tienen una pobre capacidad funcional. Una pequeña disminución del nivel de actividad física en estas personas podría provocar el paso desde un estado de independencia a un estado de discapacidad que se caracteriza por la necesidad de asistencia para la realización de las actividades cotidianas. Por ello, se hace necesaria una prevención para evitar el deterioro de la calidad de vida y de la independencia de los mayores.

La condición física funcional es de vital importancia para la calidad de vida de las personas ya que determina la medida en que pueden manejarse con autonomía dentro de la sociedad, participar en distintos acontecimientos, visitar a otros amigos o familiares, utilizar los servicios y facilidades que se les ofrecen y, en general, disfrutar de una mayor calidad de vida. Basándonos en esto, se establecen como componentes relevantes de la condición física funcional los siguientes parámetros: composición corporal, fuerza muscular, resistencia cardio-respiratoria, flexibilidad y equilibrio (Shepard, 1978).

Para la población general nos encontramos una gran cantidad de baterías y pruebas para valorar la condición física, sin embargo, para la población mayor son pocas las baterías y pruebas que nos encontramos adaptadas a este colectivo. Si empleamos los test orientados al rendimiento físico, nos encontramos con el problema de que las pruebas son muy exigentes y complejas. También observamos que otro grupo de pruebas han sido diseñadas para ancianos muy mayores o con problemas de salud, por lo que no son aplicables a todos los mayores sanos. Es evidente que los profesionales relacionados con la población mayor necesitan herramientas que les permitan evaluar la condición física de los mayores para orientar su trabajo diario y poder realizar una prescripción adecuada del ejercicio.

También es importante que los test tengan una gran aplicabilidad y sean sencillos de utilizar para que puedan aprovecharse en cualquier ámbito profesional en el que se precise valorar la capacidad funcional del anciano. Además es necesario que la batería se acompañe de unos valores normativos de referencia para que se pueda situar al sujeto evaluado con respecto a la población general de referencia en función del sexo y la edad. Escasos eran los datos de referencia que encontrábamos de la población española, aunque con el diseño de dos baterías específicas para estos colectivos a partir de una muestra de población española, se está solucionando este problema. Además, podemos encontrar puntuaciones mínimas o críticas en cada una de las pruebas que son aquellas que nos indican el riesgo de sufrir dependencia, de manera que evitando obtener resultados inferiores a estos límites críticos estamos ayudando a prevenir la dependencia funcional de las personas mayores, por déficits en su condición física funcional.

8.2. LA COMPOSICIÓN CORPORAL EN LA TERCERA EDAD

Los adultos mayores por efecto de la edad, los cambios hormonales y el envejecimiento experimentan un aumento de la cantidad de masa grasa a la vez que va disminuyendo la masa libre de grasa, principalmente la masa muscular, lo que hace que el porcentaje muscular en las personas mayores es reducido. Se ha comprobado que la masa libre de grasa suele permanecer estable hasta los 50 años en hombres y los 60 en mujeres (Fleg y cols, 2005), edades a partir de las cuales experimenta una disminución considerable. Además, la reducción del gasto energético que acompaña al incremento de la edad (Krems y cols, 2005; Alfonso-González y cols, 2006), también favorece el incremento de la masa grasa.

En estudios realizados con personas mayores se ha observado un descenso de la altura y de la masa libre de grasa conforme aumenta la edad (Fantin y cols, 2007; Rossi y cols, 2008), mientras que la masa grasa va en aumento con la edad (Coin y cols, 2008).

La elevación del porcentaje graso debe controlarse y reducirse en los casos en los que sea muy notorio, ya que la obesidad, principalmente aquella con una distribución central de la grasa, es un factor de riesgo para padecer enfermedades cardiovasculares, hipertensión o diabetes entre otras.

Existen estudios que muestran que es más probable que los sujetos con altos valores de índice de masa corporal (IMC) (o en algunos casos con muy bajos valores de IMC) sean inválidos, cuando lleguen a la vejez, que las personas con valores normales. (Galanos y cols, 1994; Losonczy y cols, 1995). Altos valores de IMC también están asociados con numerosos problemas de salud incluyendo la hipertensión, enfermedades coronarias y diabetes tipo II; y todo esto esta relacionado con consecuencias negativas para la movilidad funcional.

El control y la evaluación de la composición corporal resultan claves en estas edades y se llevará a cabo a través de las mismas técnicas y metodologías que se utilizarían para otros colectivos, previa adaptación a la edad.

Para evaluar la composición corporal podríamos utilizar tanto métodos indirectos, como la hidrodensitometría o la densitometría dual de rayos X (DEXA), como doblemente indirectos como la cineantropometría, la bioimpedancia electrónica o simplemente el cálculo del IMC y el índice cintura/cadera. Sería preferible utilizar los primeros, pero por su coste son menos accesibles en el ámbito de la evaluación de la condición física, por lo que los más habituales suelen ser la cineantropometría y la bioimpedancia.

En la mayoría de baterías de evaluación de la condición física para adultos y mayores se utiliza la valoración del IMC para evaluar la composición corporal. Así por ejemplo en la batería AFISAL-INEFC y en la CPAFLA (Canadian Physical Activity, Fitness and Appraisal) se valora el peso y la altura, para a partir de estos calcular el IMC, la densidad corporal y el peso graso estimado; en la batería Eurofit para adultos, en la batería HRFT-UKK (Health Related Fitness Test-Urho Kaleva Kekkonen Institute) y en la batería para ancianos ECFA-INEFG y en batería SFT (Senior Fitness Test) se calculan el IMC. Por tanto, se observa que la valoración de la composición corporal en mayores se realiza de una manera muy superficial, ya que únicamente se valoran peso y altura, siendo una alternativa muy rápida y poco costosa, aunque con muchas limitaciones al intentar valorar la composición corporal.

Por ello proponemos usar al menos alguna metodología accesible a la mayoría de los profesionales del ámbito, por tratarse de técnicas sencillas, rápidas y con un coste relativamente bajo si se compara con otro tipo de técnicas. Nos referimos a la cineantropometría y a la bioimpedancia, ya que a pesar de presentar limitaciones, nos dan información relevante que no podríamos obtener con la medición del peso y la altura. A través de estas técnicas podemos estimar de un modo más preciso el porcentaje graso, y a través de la cineantropometría podemos estudiar y valorar el porcentaje óseo y el porcentaje muscular, muy relevantes ambos en estas edades por el declive que sufren con el envejecimiento.

8.3. LA RESISTENCIA CARDIO-RESPIRATORIA EN LA TERCERA EDAD

A partir de los 25 años de edad, se observan disminuciones del consumo máximo de oxígeno del 5 al 15% por cada década y estas disminuciones son más marcadas en hombres que en mujeres (Stathokostas y cols., 2004; Fleg y cols, 2005). La frecuencia cardíaca máxima disminuye una media de 6 a 10 latidos/minuto por década de vida, lo cual hace disminuir el rendimiento cardiovascular asociado a la edad (Fleg y cols., 1995; Pollock y cols., 1997; Stratton y cols., 1994).

Los ancianos muestran una respuesta similar a la de los adultos jóvenes, aproximadamente del 10-30% en el VO_2 máx con el entrenamiento de resistencia prolongado (Kohrt y cols., 1991). Y al igual que en los adultos, la magnitud del incremento en el VO_2 máx en los ancianos es también dependiente de la intensidad del entrenamiento, puesto que con una intensidad de entrenamiento ligera, se producen cambios mínimos o ninguno (Seals y cols., 1991).

En mujeres ancianas parece encontrarse las mismas adaptaciones cardiovasculares que en hombres, en respuesta al ejercicio intenso y prolongado.

Podríamos concluir que el entrenamiento aeróbico de personas mayores garantiza una menor disminución del VO_2 máx en relación con los descensos asociadas a la edad (Spina y cols., 1996).

Además de las mejoras a nivel cardiovascular que provoca la realización de un entrenamiento de resistencia, se han constatado otra serie de beneficios, como es una mejora del metabolismo de la glucosa, siendo por tanto beneficioso para luchar contra la diabetes (Stevenson y cols., 1995). Del mismo modo, se han observado beneficios en aquellas personas que presentan hipertensión, niveles elevados de peso graso o alteraciones del perfil lipídico.

Se ha comprobado que aquellas personas con mayor nivel de condición física cardiorrespiratoria, tienen menor riesgo de mortalidad que aquellos de peor condición física (Sui y cols, 2007). Por ello, se recomienda que las personas mayores realicen actividad física aeróbica de manera habitual, ya que una mala condición física a nivel aeróbica es predictor de mortalidad, independientemente de los niveles de grasa corporal.

En las personas mayores el principal test que se utiliza para valorar la resistencia aeróbica es el test de caminar 6 minutos (Rikly y Jones, 2001), consistiendo en recorrer la mayor distancia posible en este tiempo fijo. También encontramos pruebas en las que establece una distancia fija, que puede ser media milla (804 m), una milla (1610m) o 2 kilómetros (Osness y cols, 1996; Camiña y cols, 2000), siendo el objetivo valorar el tiempo que tarda en recorrerse la distancia establecida.

Varios estudios muestran que los tests de caminar (1 milla, 12 min, media milla) son unos buenos indicadores de resistencia aeróbica tanto en jóvenes adultos como en mayores con alta capacidad funcional (Bravo y cols., 1994; Fenstermarker y cols., 1992; Warren y cols., 1993). Se ha comprobado también que los test de caminar de duración corta (5 o 6 min) correlacionan bien con la resistencia cardiorrespiratoria en personas mayores con diferente estado de salud (Bittner y cols., 1993; Guyatt y cols., 1985; Peloquin y cols., 1998).

Rikli y Jones (2001) también proponen un test de *step* durante 2 minutos. Este test puede ser considerado como una versión de otros tests previamente publicados como el Harvard Step Test (Brouha, 1943), el Ohio State Step Test (Cotten, 1971) y el Queens Collage Step Test (McArdle y cols., 1972).

8.4. LA FUERZA EN LA TERCERA EDAD

Uno de los mayores deterioros que sufre la persona anciana a nivel de condición física, es la pérdida de fuerza y masa muscular, observándose que se pierde más fuerza en los miembros inferiores que en los miembros superiores (Landers y cols, 2001) Los hombres y mujeres mayores de 60 años han mostrado que pierden masa muscular a un ritmo anual de 0,5%-1%, mientras que el declive de la fuerza muscular llega hasta el 20%-40% entre la tercera y la octava décadas de vida (Aloia y cols., 1991).

La masa muscular total, disminuye alrededor del 50% entre los 20 y los 90 años (Tzankoff y Norris, 1978). Aproximadamente, una reducción del 30% de la fuerza sucede entre los 50 y los 70 años de edad, habitualmente parece que las pérdidas de fuerza muscular son más dramáticas después de los 70 años, existiendo una correlación entre el incremento de edad y una baja masa muscular (Sayer y cols, 2008). La atrofia muscular puede ser resultado de una gradual y selectiva pérdida de fibras musculares, observándose que la disminución más acusada la sufren las fibras musculares tipo II (Larsson, 1983), lo que se relaciona directamente con las disminución de la fuerza según avanza la edad.

La reducción de la fuerza muscular acompaña a las personas en su proceso natural de envejecimiento y se ha comprobado que estos bajos niveles de fuerza, tanto de piernas como de prensión manual, son predictores de mortalidad en personas mayores (Newman, y cols, 2006; Gale y cols, 2007; Ruiz y cols, 2008)

La disminución de la fuerza muscular asociada con la edad tiene consecuencias importantes relacionadas con la capacidad funcional. Una correlación significativa entre la fuerza muscular y la velocidad preferida para caminar ha sido estudiada para ambos sexos (Bassey y cols., 1988), observándose una relación directa entre la fuerza del cuádriceps y la velocidad de paseo en hombres y mujeres de edades avanzadas (Fiatarone y cols., 1990).

Se presta mucha atención a la disminución de los niveles de potencia muscular por el envejecimiento, ya que la potencia está muy relacionada con el nivel de independencia funcional de los adultos mayores (American Collage of Sports Medicine, 2002; Foldvari y cols., 2000), ya que en muchas actividades de la vida diaria, como son subir escaleras, levantarse de una silla, caminar, o estabilizar en ocasiones la posición del cuerpo, se requieren unos niveles de potencia muscular suficientes en los grupos musculares de los miembros inferiores. Tras observarse que se producen mayores disminuciones en la potencia muscular que en la fuerza absoluta, debemos realizar un entrenamiento que permita estabilizar o aumentar los niveles de potencia muscular.

La potencia muscular muestra, por ejemplo, una alta correlación con la velocidad al caminar en personas mayores (Bassey y cols., 1992). Datos como éste nos hacen pensar que la potencia muscular de piernas es un buen predictor de la capacidad funcional de las personas mayores.

Los niveles de fuerza muscular pueden mejorarse en personas mayores gracias al entrenamiento, observándose al igual que ocurría con el entrenamiento de resistencia, que con unas intensidades muy bajas de entrenamiento las mejoras son bajas o nulas. El entrenamiento de fuerza puede ser una importante ayuda para la pérdida de peso en las personas mayores, ya que se consiguen incrementos significativos del metabolismo basal con el entrenamiento de la fuerza, además del gasto energético que supone el entrenamiento. Por ello para mantener el peso corporal en ancianos que realizan entrenamiento de fuerza, se debe dar un incremento del consumo energético. Además de este efecto sobre el metabolismo energético, el ejercicio de fuerza también mejora la acción de la insulina en las personas mayores.

Además, un programa de entrenamiento de la fuerza también reporta beneficios sobre la densidad ósea en personas mayores, manteniendo o incrementando la densidad mineral y el contenido total mineral del hueso. Esto puede llevar a una reducción del riesgo de padecer fracturas, ya que además se mejora el equilibrio y aumenta la masa muscular.

Por todo esto, el trabajo de la fuerza y la potencia muscular en cualquier programa de actividad física para mayores resulta imprescindible, ya que no sólo provocamos efectos sobre sus niveles de masa muscular, masa ósea o de gasto metabólico basal, sino que además provocamos un aumento de su independencia funcional.

Previo al trabajo en cualquier programa de actividad física, debe realizarse una valoración inicial, que nos permita identificar el nivel de partida y nos sirva como referencia para futuras evaluaciones.

Para la valoración de la fuerza de los miembros inferiores en las personas mayores la principal prueba diseñada es la de sentarse y levantarse de una silla. A la hora de cuantificar el resultado se proponen variantes: medir el tiempo que tarda en sentarse y levantarse 5 veces, 10 veces o medir el número de repeticiones que hace en 30 segundos (Rikli y Jones, 2001). Muchos estudios muestran que el rendimiento en el test sentarse-levantarse de una silla correlaciona bastante bien con mediciones de fuerza de las extremidades inferiores en laboratorio (fuerza de los extensores de la rodilla) y con otros indicadores de interés como la velocidad al caminar, la capacidad de subir escaleras o el equilibrio (Bohannon, 1995). También se ha observado que los resultados de este test se pueden utilizar como predictores del resigo de sufrir caídas

(Alexandre y cols., 1991) ya que en función del resultado podemos discriminar entre aquellos mayores que las sufren y los que no (McRae y cols., 1992).

En el caso de la fuerza de los miembros superiores, se plantea la prueba de flexiones de brazo con un determinado peso: 4-5 libras para mujeres (1,81-2,26 kg) y 8 libras para hombres (3,6 kg), contabilizándose el número de repeticiones en 30sg (Rikli y Jones, 2001). Se comprobó el potencial de este test como indicador de la fuerza general del tren superior, comparándolo con el press de banca y el remo, obteniéndose altas correlaciones, tanto en hombres como en mujeres (James, 1999).También se ha comprobado que este test permite detectar la disminución de la fuerza esperada en relación con la edad (Rikli y Jones, 2001), así como para discriminar entre sujetos activos y sedentarios (Miotto y cols. en 1999)

Otra de las pruebas que se utiliza para valorar la fuerza de los miembros inferiores es la fuerza de prensión manual, aunque esta valoración presenta inconvenientes al ser molesta para aquellas personas que padecen artritis o algún otro tipo de dolencia en las manos.

8.5. EL EQUILIBRIO EN LA TERCERA EDAD

La pérdida de equilibrio es frecuente entre las personas mayores, siendo éste un potente factor de riesgo para las caídas. Los problemas de equilibrio se manifiestan en una mayor dificultad para realizar tareas como estar de pie, inclinarse, subir escaleras, caminar y responder a perturbaciones externas (Sturnieks y cols, 2008)

El ejercicio físico se presenta como una excelente herramienta para mejorar la estabilidad postural y la flexibilidad en personas mayores. La estabilidad postural se ve perjudicada por el aumento de la edad y esta reducción de la estabilidad llevará a un aumento de caídas entre las personas mayores. Por ello, tratar de mantener o incrementar la estabilidad postural en edades avanzadas es un objetivo prioritario para prevenir las caídas y todo lo que conllevan, a pesar de no ser el único factor de riesgo que predispone a las caídas, siendo también importante la medicación, especialmente sedantes, el estado cognitivo, la hipotensión postural, factores medioambientales, visión y disfunción de las extremidades inferiores.

La medición más definitiva de la estabilidad postural sería la frecuencia de caídas, aunque no se emplee en estudios experimentales. Caminar es, en ocasiones, considerado como una tarea de estabilidad dinámica en el entrenamiento y la evaluación de la condición física en personas mayores.

Mediante programas de ejercicio que incidan en la mejora de la marcha, el equilibrio y la fuerza, se han conseguido reducciones del 30% en el número de caídas. En dichos programas también se incluía prevención de lesiones específicas y acondicionamiento del medio ambiente eliminando barreras que pudieran favorecer las caídas (Johnson y Binney, 2003; Gillespie y cols., 2003). Aunque exclusivamente con programas de ejercicio físico también se ha conseguido reducir el número de caídas en los mayores (Gillespie y cols., 2003).

Hay todavía muchas cuestiones que quedan y deben ser respondidas considerando la eficacia de las diferentes formas de ejercicio como estrategia para la prevención de caídas en diferentes grupos de individuos ancianos, y es importante tener en cuenta que las causas de las caídas no son las mismas para todos los mayores.

Debido a la naturaleza multifacética de la mayoría de los programas de intervención, aún no es posible identificar los mecanismos por los cuales la estabilidad postural se ve incrementada. Pero a pesar de esto, es aconsejable recomendar el seguimiento de un programa de ejercicio que incluya entrenamiento del equilibrio, la fuerza y trabajo aeróbico para prevenir las caídas.

Para valorar el equilibrio, en concreto el equilibrio dinámico, el test propuesto es el test de ida y vuelta (Rikli y Jones, 2001), que además valora la agilidad. En esta prueba se propone recorrer una distancia de 8 pies (2,44) tras levantarse de una silla y volver para sentarse de nuevo en ella. Aunque no hay ninguna medida relativa al criterio para comparar el rendimiento del test de ida y vuelta, se ha comprobado que está significativamente relacionado con la "Berg Balance Scale" (r=0,81), con la velocidad de la marcha (r=0,61) y con el Índice de Barthel de ADL (r=0,78) (Podsiadlo y Richardson, 1991). Otros estudios (Podsiadlo y Richardson, 1991) indican que el rendimiento obtenido en los tests de ida y vuelta puede discriminar entre varios niveles funcionales en personas mayores y también son sensibles a los cambios resultantes de un incremento en el nivel de actividad física.

8.6. LA FLEXIBILIDAD EN LA TERCERA EDAD

La flexibilidad es un término general que abarca el rango de movimiento de una o múltiples articulaciones y la habilidad para realizar tareas específicas. El rango de movimiento de una articulación depende primariamente de la estructura y función del tejido óseo, muscular y conectivo, y otros factores como son el dolor y la capacidad para generar suficiente fuerza muscular. El envejecimiento afecta tanto a la estructura de esos tejidos como a su función, por lo que el rango de movimiento de las articulaciones se ve disminuido.

La flexibilidad va experimenta una reducción progresiva, pero no lineal, conforme avanza la edad (Doriot y Wang, 2006; Araujo, 2008) Aunque el declive del grado de movilidad articular y flexibilidad muscular sea inevitable, el ritmo al que se produce es específico de cada articulación (Doriot y Wang, 2006).

Los cambios causados por el proceso de envejecimiento en la estructura muscular también provocan un aumento de la rigidez muscular y de la resistencia a la tracción; el aumento del colágeno muscular (muy resistente al estiramiento) con el envejecimiento y la degeneración de las fibras de elastina (menos resistentes al estiramiento) contribuyen a este aumento de la rigidez muscular (Holland y cols, 2002)

La flexibilidad es una cualidad física que involuciona con la edad, alcanzándose el mayor rango de movimiento en torno a los 15 años para hombres y los 20 para las mujeres.

Uno de los factores que se han relacionado con el riesgo de caídas en adultos mayores, es la reducción de la movilidad articular en el tobillo, observándose que a partir de los 55 años esta reducción es más pronunciada en mujeres que en hombres (Bandy y Sanders, 2001).

Un programa de entrenamiento de la flexibilidad es definido como un programa de ejercicios planificado, deliberado y regular para incrementar progresivamente el rango disponible de una articulación o conjunto de articulaciones. El efecto de un programa de flexibilidad puede ser cuantificado por cambios en el rango de movimiento articular y los valores estandarizados de movilidad.

Se ha observado que gracias a la participación de personas mayores en un programa de ejercicio regular, se obtenía mejoras significativas en el rango de movimiento de diversas articulaciones, como el hombro, codo, muñeca, cadera, rodilla y tobillo (Hubley-Kozey y cols., 1995; Morey y cols., 1991). Estas mejoras parecen relevantes para la realización de actividades cotidianas, como sucede con la posición de los distintos segmentos corporales en tareas como caminar, superación de escaleras y sentarse en una silla.

Los ejercicios de flexibilidad suelen ser un componente habitual de los programas de ejercicio para individuos en los cuales su movilidad general es reducida, al igual que se recomiendan actividades como caminar, danza aeróbica y estiramientos para mejorar el rango de movimiento articular en personas mayores, observándose incluso que programas de corta duración pueden reportar beneficios sobre la flexibilidad.

La exacta relación entre la dosis de trabajo y la respuesta obtenida está aún por determinar, al igual que una relación directa de los beneficios que sobre las actividades de la vida diaria objetivamente son debidos a una mejora de la flexibilidad en las personas mayores.

Para evaluar la flexibilidad en personas mayores se han planteado una serie de test. Si el objetivo es evaluar la flexibilidad de los miembros inferiores, se utiliza el test de sentado (Chair-sit and reach-test) y forma parte de numerosas baterías como la YMCA, la Fitnessgram, la AAHPERD para personas mayores de 60 años (Osness y cols., 1996), la batería SFT (Senior Fitness Test de Rikli y Jones, 2001) y la batería ECFA también para personas mayores (Camiña y cols., 2000). Este test correlaciona con otras medidas estables de flexibilidad (Patterson y cols., 1996).

Para evaluar la flexibilidad del tren superior, Rikli y Jones (2001) han propuesto el test de alcanzar las manos tras la espalda, modificando la versión del Apley Scratch Test que ha sido utilizado durante años por terapeutas y médicos ortopédicos como una forma rápida de evaluar el rango de movimiento de los hombros en general. La validez de contenido del Apley y los tests de estiramiento de hombros está bien demostrada por el uso tan extendido entre terapeutas y médicos como herramienta en la evaluación del rango de movimiento de hombros.

8.7. LA VELOCIDAD Y LA COORDINACIÓN EN LA TERCERA EDAD

La influencia del deterioro de la conducción del estímulo nervioso con la edad, supone una disminución en el tiempo de reacción no superior al 4%. Influyen también factores como el deterioro articular o la pérdida de masa muscular (Wrigth y Shepard, 1978), así como el enlentecimiento del procesamiento de la información (Spirduso, 1995), siendo ésta una causa importante del enlentecimiento de la respuesta de los mayores.

El nivel de condición física parece influir en el desarrollo de tareas que requieren un mayor esfuerzo de procesamiento, observándose también que el aumento de la velocidad de reacción, que se produce con la edad, es menor en individuos activos que han realizado un entrenamiento aeróbico durante largo tiempo.

Uno de los factores importantes en los mayores es la velocidad de desplazamiento, ya que se ha determinado que este factor puede ser predictor de la mortalidad en personas mayores (Hardy y cols, 2007). Se ha comprobado que aquellas personas que caminaban a mayor velocidad o que eran capaces de incrementar su velocidad de paseo en el primer año, tenían menos probabilidad de fallecer en los ocho años siguientes. Por tanto, ya que la velocidad al caminar se puede evaluar de una manera muy sencilla, tiene una interpretación clínica y se puede modificar mediante la realización de un programa de ejercicio físico, éste sería un dato útil para las personas mayores.

8.8. BATERÍAS DE EVALUACIÓN DE LA CONDICIÓN FÍSICA DE LAS PERSONAS MAYORES

A partir la segunda mitad de los años noventa empiezan a aparecer baterías para la evaluación de la condición física relacionada con la salud (health-related fitness) debido a la creciente importancia del ejercicio en la preservación de un estado de salud óptimo.

En la actualidad existen multitud de baterías de evaluación de la condición física, pero sería un error utilizarlas indistintamente sin tener en cuenta el grupo de población al que van dirigidas.

Dada la creciente importancia del ejercicio físico como herramienta para paliar los efectos del envejecimiento, se hace necesaria la planificación de programas de actividad física específicos e individualizados a las personas mayores para conseguir el mayor beneficio posible (Kligman y Pepin, 1992; ACSM, 2000). Pero al ponerlos en práctica, se hacía imprescindible realizar una valoración inicial, así como un posterior seguimiento, del nivel de condición física de los mayores. Y de ahí surgió la necesidad de crear baterías de evaluación de la condición física especialmente diseñadas, en unos casos, y en otros adaptadas, a las personas mayores.

A continuación realizamos una breve revisión sobre las baterías que podemos encontrarnos para evaluar la condición física relacionada con la salud en adultos y mayores. Se presentan por año de publicación y nos gustaría llamar la atención sobre las baterías ECFA (Evaluación de la Condición Física en Ancianos), VACAFUN (Valoración de la Capacidad Funcional) por ser aquellas elaboradas en español y especialmente diseñadas para las personas mayores, diferenciándose así de la batería INEFC-AFISAL que fue diseñada para adultos y puede ser aplicable para la primera franja etaria del grupo de personas mayores.

8.8.1. BATERÍA EUROFIT PARA ADULTOS

El Comité para el Desarrollo del Deporte del Consejo de Europa, desarrolló entre los años 1978 y 1988 una batería para la evaluación de la condición física en niños y jóvenes a la que denominaron Batería Eurofit. Posteriormente, con el creciente interés por el ejercicio por su relación con la salud, se planteó una modificación de esta batería para adaptarla a la población adulta, publicándose esta versión de los autores Oja y Tuxworth en el año 1995.

La batería Eurofit para Adultos reúne una serie de test de evaluación de la aptitud física y fue creada con la intención de promover la salud, las capacidades funcionales y el bienestar de los individuos, y se buscaba que la batería permitiese: determinar el nivel de aptitud física de los individuos; evaluar el nivel de aptitud física relativa a la salud en relación con valores medios para la población así como disponer de una base de conocimientos y facilitar actuaciones a favor de la aptitud física y el ejercicio en relación con la salud.

Esta batería fue diseñada para personas en edad de trabajar, es decir, para adultos de 18 a 65 años, aunque también podía aplicarse a aquellas personas mayores de 65 años que estuviesen en buen estado de salud y que conservasen su autonomía funcional. Aún así, si se aplica a otras personas de más edad, las pruebas requerirían ciertas adaptaciones (Oja y Tuxworth, 1995).

Esta batería incluye las siguientes pruebas o valoraciones:

- Composición corporal: peso, altura y cálculo del Índice de Masa Corporal (IMC)

- Prueba de caminar 2 km: para estimar la capacidad aeróbica, se pide al evaluado que camine una distancia establecida a la mayor velocidad posible. A partir del tiempo invertido, la edad, la frecuencia cardiaca y el IMC se puede estimar el consumo máximo de oxígeno.

- Dinamometría manual para valorar la fuerza máxima e isométrica de los flexores de la mano. Se realizará únicamente con la mano dominante.

- Equilibrio monopodal sin visión durante 30 segundos, para valorar el equilibrio estático general del cuerpo.

- Flexión adelante del tronco para valorar la flexibilidad de los músculos flexores de la rodilla y del tronco.

- Salto vertical para valorar la fuerza de los miembros inferiores.

- Suspensión en barra con flexión de codos, durante el mayor tiempo posible, para valorar la fuerza resistencia de los miembros superiores.

- Abdominales dinámicos para valorar la fuerza resistencia abdominal. Se realizan tres series de cinco abdominales cada una, modificando la posición de los brazos en cada serie.

- Flexión lateral del tronco para valorar la flexibilidad lateral de la columna vertebral.

- Abducción de hombro: se valorar la amplitud del movimiento de abducción del hombro del lateral dominante.
- Prueba de golpeo de placas (o "plate tapping") para valorar la velocidad segmentaria de los miembros superiores.

8.8.2. BATERÍA AFISAL-INEFC

Simultáneamente a la elaboración de la batería Eurofit por parte del Consejo de Europa, en España también se desarrollaban proyectos para elaborar instrumentos que nos permitiesen valorar de manera específica la condición física relacionada con la salud.

Así durante el período comprendido entre 1992 y 1995, el grupo AFISAC (Actividad Física y Salud para Adultos en Cataluña) elaboró la batería AFISA-INEFC (Rodríguez y cols, 1995) que se convertiría en una de las más significativas a la hora de valorar la condición física relacionada con la salud.

La batería consta de 8 pruebas, realizadas en el siguiente orden:

- Cuestionario de aptitud para la actividad física (versión española de Rodríguez (1994) del reconocido PAR-Q de Chislom y cols, 1978, en versión de Thomas y cols, 1992).
- Valoración de la composición corporal: medición de peso, altura, perímetro cintura y perímetro de cadera para calcular el IMC, el índice cintura/cadera (ICC) y estimar el porcentaje graso a partir de los pliegues triccipital, suprailíaco y muslo anterior.
- Fuerza máxima de prensión manual.
- Equilibrio estático monopodal sin visión.
- Fuerza resistencia abdominal.
- Flexibilidad del tronco (Sit-and-reach).
- Fuerza explosiva del tren inferior (salto vertical).
- Prueba de caminar 2 km para predecir el consumo máximo de oxígeno.

El protocolo de la batería fue publicado en 1998 y los resultados de los estudios de fiabilidad, aplicabilidad y los valores normativos obtenidos sobre una muestra de 238 sujetos, de edades comprendidas entre los 18 y los 64 años con buena salud, y se publicaron en 1999.

8.8.3. CPAFLA, CANADIAN PHYSICAL ACTIVITY, FITNESS AND LIFESTYLE APPRAISAL

En el año 1977 se publicó la primera batería existente en Canadá para valorar la aptitud física entre la población general fue el Canadian Standarized Test of Fitness (CSTF), diseñado para personas entre 15 y 69 años. Esta batería se fue modificando, hasta que en 1996 se reemplazó por la batería CPAFLA que incluye las siguientes valoraciones:

- Índice de masa corporal.
- Pliegues subcutáneos (en tríceps, bíceps, subescapular, cresta ilíaca y gemelo).
- Fuerza de agarre manual.
- Número máximo de flexiones de brazos para valorar la fuerza resistencia de los miembros superiores.
- Abdominales parciales a un ritmo máximo de 25 al minuto, durante un minuto, para valorar la fuerza resistencia abdominal.
- Flexión de tronco en posición sentada (sit and reach).
- Salto vertical para estimar la potencia de los miembros inferiores.
- Valoración del estado de salud a través del cuestionario C-AAF.

8.8.4. HEALTH-RELATED FITNESS TEST BATTERY FOR ADULTS. UKK, HRFT-UKK

Esta batería fue diseñada por Suni y colaboradores en el año 1999. Dentro de este grupo de investigadores se encontraban algunos de los implicados en la elaboración de la batería Eurofit para adultos, publicándose un año después.

Se propuso para evaluar a adultos de mediana edad y según sus autores era la única diseñada para promover la práctica de actividad física, se garantizó sistemáticamente su fiabilidad, seguridad, viabilidad y validez en relación a la salud (Suni y cols, 1998).

Esta batería consta de las siguientes pruebas:

- Equilibrio unipodal con brazos a lo largo del cuerpo.
- Test UKK de andar 2 km.
- Salto vertical para estimar la potencia de los miembros inferiores.
- Sentadilla con una pierna.
- Extensión lumbar estática durante 4 minutos.
- Flexión lateral del tronco.
- Flexibilidad de isquiotibiales (extensión activa de la rodilla desde tendido supino con flexión de cadera).
- Composición corporal a través del cálculo del IMC.

8.8.5. SENIOR FITNESS TEST

Una de las baterías especialmente diseñadas para las personas mayores es la Senior Fitness Test (SFT), elaborada por Rikli y Jones (2001). Surgió de la necesidad de crear una herramienta que nos permitiese valorar la condición física de los mayores con seguridad así como de forma práctica.

Algunas de las pruebas diseñadas para jóvenes no podían ser aplicadas a las personas mayores con total seguridad, ya que suponían un riesgo, y además podían resultarles complejas. Por otro lado, aquellas pruebas diseñadas para los muy mayores o personas frágiles no tenían utilidad para aquellos mayores sanos, ya que únicamente valorarían el grado de independencia funcional.

Esta batería se caracteriza por ser muy completa, ya que recoge el mayor número de componentes de la condición física funcional, entendiéndose como la capacidad física de desarrollar actividades normales de la vida diaria de forma segura, con independencia y sin una excesiva fatiga (Rikli y Jones, 2001). Esta condición física funcional es realmente importante en los mayores ya que es determinante de su calidad de vida (Asakawa y cols, 2000).

Los parámetros de condición física que incluye la batería son: fuerza muscular (miembros inferiores y miembros superiores), resistencia aeróbica, flexibilidad, equilibrio dinámico, agilidad y composición corporal.

Es aplicable a personas de diferentes edades, entre 60 y 94 años de edad, y diversos niveles de capacidad física y funcional ya que la batería abarca un amplio rango de capacidad funcional. Otra de las ventajas que aporta esta batería es su sencilla aplicación, y el escaso coste en cuanto a equipamiento y espacio necesario, por lo que puede aplicarse en una situación de campo.

Los valores de referencia para esta batería han sido obtenidos de un amplio estudio y se expresan en percentiles para cada uno de los test, siendo este aspecto de importante utilidad ya que nos permite comparar los datos de la persona evaluada con otras de su mismo sexo y edad. Aún así, estos valores de referencia son uno de los principales problemas que podemos encontrarnos a la hora de aplicar esta batería, ya que deben aplicarse con la suficiente cautela, ya que apenas existen valores de referencia de la población española, habiéndose establecido los valores de referencia a partir de una muestra de sujetos americanos.

Por su características, esta batería puede ser utilizada con diferentes aplicaciones: para la investigación por su gran fiabilidad y validez; para evaluar a los individuos e identificar los factores de riesgo, ya que al comparar son sujetos de la misma edad y sexo se pueden identificar los factores en los que se obtiene una menor puntuación evitando así una pérdida de independencia funcional; para planificar programas de actividad física ya que nos permite detectar las necesidades de cada persona; así como para educar a los participantes y alcanzar los objetivos planteados gracias a una correcta interpretación de los resultados.

Como en la aplicación de cualquier batería, se deben respetar una serie de normas para conseguir la estandarización del procedimiento. De manera breve, las pruebas que incluye la batería y el objetivo que persigue cada una son los siguientes:

- Chair stand test (sentarse y levantarse de una silla durante 30 segundos): el objetivo es evaluar la fuerza de los miembros inferiores.

- Arm curl test (flexiones de brazos durante 30 segundos): la finalidad es valorar la fuerza de los miembros superiores.

- 6-Minute walk test (test de caminar 6 minutos): el objetivo es evaluar la resistencia aeróbica.

- 2-Minute step test (test de 2 minutos de marcha): se pretende valorar la resistencia aeróbica.

- Chair-sit and reach-test (test de flexión del tronco en silla): se plantea para evaluar la flexibilidad del tren inferior, principalmente del bíceps femoral.

- Back scratch test (test de juntar las manos tras la espalda): el objetivo es evaluar la flexibilidad del tren superior, principalmente de la articulación escápulo-humeral.

- 8-Foot up and go test (Test de levantarse, caminar y volverse a sentar): se plantea esta prueba para evaluar la agilidad y el equilibrio dinámico.

- Peso y talla para calcular el Índice de Masa Corporal (IMC).

8.8.6. LA BATERÍA ECFA-INEFG

La batería de la condición física en Ancianos del Instituto Nacional de Educación Física de Galicia, ECFA-INEFG, fue diseñada en el año 2000 por Camiña y su grupo de colaboradores y fue elaborada con el objetivo de valorar la condición física funcional en personas mayores, centrándose en la evaluación de los siguientes factores: composición corporal, resistencia aeróbica, equilibrio, agilidad, flexibilidad, fuerza máxima y fuerza resistencia, para lo que utiliza las siguientes pruebas: índice de masa corporal (en adelante, IMC), equilibrio estático monopodal con visión, golpeo de placas, prueba de caminar 2 km, flexibilidad del tronco, fuerza máxima de prensión, fuerza máxima de extensión de los miembros inferiores, y fuerza resistencia abdominal.

Esta batería es breve y no requiere material sofisticado para su aplicación. Además se presentan valores normativos que permiten comparar a la persona evaluada con otras de su misma edad y sexo. La batería fue validada en España con un amplio grupo de personas de ambos sexos, de entre 65 y 80 años, funcionalmente independientes y que practicaban actividad física de manera regular.

8.8.7. BATERÍA VACAFUN-ANCIANOS (VALORACIÓN DE LA CAPACIDAD FUNCIONAL EN ANCIANOS)

La batería VACAFUN-ancianos fue elaborada por la Universidad de León en el año 2006 con el objetivo de crear una batería de pruebas físicas para la valoración de la capacidad funcional en personas mayores y obtener unos valores de referencia normativos de una población española.

Uno de los principales objetivos que se perseguían al elaborar esta batería de evaluación era identificar niveles de riesgo de dependencia. Esto es debido a la estrecha relación entre capacidad funcional de las personas y su grado de dependencia, por lo que se busca establecer qué riesgo tiene una persona de sufrir dependencia a partir de la valoración de la capacidad funcional.

Para ello, no sólo se han establecido niveles de referencia sino también los niveles críticos de dependencia para cada una de las pruebas que componen la batería, de manera que al aplicar la batería de pruebas se está realizando una valoración del riesgo de sufrir dependencia.

En la batería se ha incluido la valoración de los componentes de la condición física más relevantes en los ancianos: fuerza de tren superior e inferior, resistencia aeróbica, flexibilidad de tren superior e inferior, equilibrio dinámico y composición corporal.

Se trata de una batería global y unificada, válida y fiable a la vez que económica y sencilla, para utilizar tanto en el ámbito clínico y/o médico como en el ámbito físico-deportivo. Las pruebas que forman parte de esta batería son las siguientes:

- Composición corporal.
- Flexiones de brazo con peso para valorar la fuerza del tren superior.
- Prueba de sentarse y levantarse de una silla para evaluar la fuerza de tren inferior.
- Prueba de caminar 6 minutos para evaluar la capacidad aeróbica.
- Para valorar la flexibilidad del tren superior se utiliza la prueba de alcanzar las manos tras la espalda.
- Prueba de sentarse y alcanzar el pie con la pierna extendida para cuantificar la flexibilidad de los miembros inferiores.
- Prueba de ida y vuelta tras levantarse de una silla para valorar la agilidad y el equilibrio dinámico.

Los valores normativos que se presentan junto a esta batería fueron obtenidos a partir de una muestra de sujetos de ambos sexos, funcionalmente independientes y con edades comprendidas entres los 65 y los 79 años.

Uno de los extras que presenta esta batería es la presencia de un software con los valores normativos de referencia informatizados sobre la población española, con los que se puede comparar a cada sujeto evaluado en función de su sexo y edad. Esta herramienta permitirá a los profesionales dedicados a la población mayor llevar a cabo comparaciones inter-sujeto con otros coetáneos de su mismo sexo.

Las puntuaciones de las pruebas que componen la batería se establecen en una escala continua pudiendo situar a cada evaluado en un punto del continuum de la escala. Además ninguna de estas escalas tiene un "techo" o "suelo" lo que permitirá evaluar un amplísimo rango de capacidad funcional.

8.9. REFERENCIAS

Alexandre NB, Schultz AB, Warwick DN. Rising from a chair: effects of age and functional ability on performance biomechanics. J Gerontol: Med. Sci.1991; 46, M91-M98.

Alfonzo-González G, Doucet E, Bouchard C, Tremblay A. Greater than predicted decrease in resting energy expenditure with age: cross-sectional and longitudinal evidence. Eur J Clin Nutr. 2006; 60:18-24.47

Aloia JF, McGowan DM, Vaswani AN, Ross P, Cohn Sh. Relationship of menopause to skeletal and muscle mass. American Journal of Clinical Nutrition. 1991; 53: 1378-1383.

American College and Sport Medicine position stand. Manual de consulta para el control y la prescripción de ejercicio. Barcelona: Paidotribo. 2000.

American College of Sports Medicine. Guidelines for Exercise Testing and Prescription. Baltimore: Williams & Wilkins. 1995.

American College of Sports Medicine. Progression models in resistance training for healthy adults. Medicine and Science in Sports and Exercise. 2002; 34: 364-380.

Araujo C. Flexibility assessment: normative values for flexitest from 5 to 91 years of age. Arq Bras Cardiol. 2008; 90:257-63.

Araujo C. Flexibility assessment: normative values for flexitest from 5 to 91 years of age. Arq Bras Cardiol. 2008;90:257-63.

Asakawa T, Koyano W, Ando T, Shibata H. Effects of functional decline on quality of life among the Japanese elderly. Int J Aging Hum Dev. 2000. 50 (4): 319-32.

Bandy WD, Sanders B. Therapeutic exercise. Baltimore: Lippincott Williams y Wilkins; 2001

Bassey EJ, Bendall MJ, Pearson M. Muscle strength in the triceps surae and objectively measured customary walking activity in men and women over 65 years of age. Clin Sci. 1988; 74:85-89.

Bittner V, Weiner DH, Yusuf S, Rogers WJ, McInty KM, Bourassa MG. Prediction of mortality and morbidity with a 6-minute walk test in patients with left ventricular dysfunction. JAMA. 1993; 270: 1702-1707.

Bohannon RW. Sit-and-reach test for measuring performance of lower extremity muscles. Percept. Motor Skills, 1995; 80, 163-166.

Bravo G, Gauthier P, Roy P, Tessier D, Gaulin P, Dubois M, Peloquin K. The functional fitness assessment battery: reliability and validity data for elderly women. J Aging Phys Act. 1994; 2: 67-79.

Brouha L. A step test: a simple method of measuring Physical fitness for muscular work in young men. Res Q. 1943; 14: 31-36.

Camiña F, Cancela J, Romo V. Pruebas para evaluar la condición física en ancianos (batería ECFA): su fiabilidad. Rev Española de Geriatría y Gerontología. 2000; 31(1):17-23

Camiña Fernández F, Cancela Carral JM, Romo Pérez V. Pruebas para evaluar la condición física en ancianos (batería ECFA): su fiabilidad. RevEspGeriatr Gerontol.2000;35:205–16

Cancela JM, Ayán C, Varela S. La condición física saludable del anciano: Evaluación mediante baterías validadas al idioma español. Rev Esp Geriatr Gerontol.2009; 44(1):42–46.

Coin A, Sergi G, Minicuci N, Giannini S, Barbiero E, Manzato E. Fat-free mass and fat mass reference values by dual-energy X-ray absorptiometry (DEXA) in a 20-80 year-old Italian population. Clin Nutr. 2008; 27: 87-94.

Cotten DJ. A modified step test for group cardiovascular testing. Res Q. 1971; 42: 91-95.

Devís J, Peiró C. El ejercicio físico y la promoción de la salud en la infancia y la juventud. Gaceta Sanitaria 1992; 33 (6): 263-268.

Doriot N, Wang X. Effects of age and gender on maximum voluntary range of motion of the upper body joints. Ergonomics. 2006;49:269-81.

Doriot N, Wang X. Effects of age and gender on maximum voluntary range of motion of the upper body joints. Ergonomics. 2006;49:269-81.

Fantin F, Di Francesco V, Fontana G, Zivelonghi A, Bissoli L, Zoico E. Longitudinal body composition changes in old men and women: interrelationships with worsening disability. J Gerontol A Biol Sci Med Sci. 2007; 62: 1375-81.

Fenstermaker KL, Plowman SA, Looney MA. Validation of the Rockport Fitness Walking Test in females 65 years and older. Res Q Exerc Sport. 1992: 63: 322-327.

Fiatarone MA, Marks EC, Ryan ND, Meredith CN, Lipsitz LA, Evans WJ. High-intensity strength training in nonagenarians: effects on skeletal muscle. JAMA. 1990; 263 (22):3029-3034.

Fleg JL, Morrell CH, Bos AG, Brant LJ, Talbot LA, Wright JG, y cols. Accelerated longitudinal decline of aerobic capacity in healthy older adults. Circulation.2005; 112:674-82.

Fleg JL, Morrell CH, Bos AG, Brant LJ, Talbot LA, Wright JG. Accelerated longitudinal decline of aerobic capacity in healthy older adults. Circulation. 2005; 112: 674-82.24.

Foldvari M, Clark M, Laviolette LA, Bernstein MA, Kaliton D, Castaneda C. Association of muscle power with functional status in community dwelling elderly women. Journal of Gerontology. 2000; 55A:M192-M199

Galanos AN, Fillenbaum GG, Cohen HJ, Burchett BM. The comprehensive assessment of community dwelling elderly: why functional status is not enough Aging (Milano). 1994 Oct;6 (5):343-52

Gale CR, Martyn CN, Cooper C, Sayer AA. Grip strength, body composition, and mortality. Int J Epidemiol. 2007;36:228-35.

Gale CR, Martyn CN, Cooper C, Sayer AA. Grip strength, body composition, and mortality. Int J Epidemiol.2007; 36: 228-35.

Garatachea N, Val R, Calvo I, De Paz JA. Valoración de la condición física funcional, mediante el Senior Fitness Test, de un grupo de personas mayores que realizan un programa de actividad física Apunts Educación Física y Deportiva. 2004, 76, 22-26

Garatachea N, Val R, Calvo I, de Paz JA. Valoración de la condición física funcional mediante el Senior Fitness Test, de un grupo de personas mayores que realizan un programa de actividad física. Apunts, Ed. Fís. Dep.2004; 76, 22-26.

Gillespie LD, Gillespie WJ, Robertson MC, Lamb SE, Cumming RG, Rowe BH. Interventions for preventing falls in elderly people. (Cochrane review). The Cochrane Library, issue, vol 3. Oxford: Update Software; 2003.

González Gallego J. Desarrollo de una batería de test para la valoración de la capacidad funcional en las personas mayores (VACAFUN-ancianos) y su relación con los estilos de vida, el bienestar subjetivo y la salud. León : Universidad de León; 2006.

Guyatt GH, Sullivan MJ, Thompson PJ, Fallen EI, Pugsley SO, Taylor DW, Berman LB. The 6-minute walk: a new measure of exercise capacity in patients with chronic Herat failure. Can Med Assoc J. 1985; 132: 919-923.

Hardy S, Perera S, Roumani Y, Chandler J, Studenski S. Improvement in Usual Gait Speed Predicts Better Survival in Older

Adults. Journal of the American Geriatrics Society. 2007. Volume 55 Issue 11, 1727–1734

Holland GJ, Tanaka K, Shigematsu R, Nakagaichi M. Flexibility and physical functions of older adults: A review. Journal of aging and Physical Activity. 2002; 10: 169-206

Hollenberg M, Yang J, Haight TJ, Tager IB. Longitudinal changes in aerobic capacity: Implications for concepts of aging. Journal of Gerontology: Medical Sciences. 2006; 61: 851-823.

Hubley-Kozey CL, Wall JC, Hogan DB. Effects of a general exercise program on passive hip, knee, and ankle range of motion of older women. Top Geriatr Rehabil. 1995; 10:33-44.

Johnson T, Binney S. Reducing the incidence of falls and hip fractures in care homes Nurs Times. 2003 Jun 17-23;99(24):38-40.

Kligman EW, Pepin E. Prescribing physical activity for older patiens. Geriatrics. 1992, 47 (8): 37-44.

Kohrt W, Malley M, Coggan A, Spina R, Ogawa T, Ehsani A, Bourey R, Martin W III, Holloszy J. Effects of gender, age, and fitness level on response of VO2max to training in 60-71 yr olds. J App Physiol. 1991; 71:2004-2011.

Krems C, Luhrmann PM, Strassburg A, Hartmann B, Neuhauser-Berthold M. Lower resting metabolic rate in the elderly may not be entirely due to changes in body composition. Eur J Clin Nutr. 2005; 59:55-62.

Landers KA, Hunter GR, Wetzstein CJ, Bamman MM, Weinsier RL. The interrelationship among muscle mass, strength, and the ability to perform physical tasks of daily living in younger and older women. J Gerontol A Biol Sci Med Sci. 2001; 56: 443-8.

Landers KA, Hunter GR, Wetzstein CJ, Bamman MM, Wiensier RL. The interrelationship among muscle mass, strength, and the ability to perform physical tasks of daily living in younger and older women. Journal of Gerontology. 2001; 56A: B443-B448.

Larsson L. Histochemical characteristics of human skeletal muscle during aging. Acta Physiol. Scand. 1983; 117:469-471

Losonczy KG, Harris TB, Cornoni-Huntley J, Simonsick EM, Wallace RB, Cook NR, Ostfeld AM, Blazer DG. Does weight loss from middle age to old age explain the inverse weight mortality relation in old age? Am J Epidemiol. 1995 Feb 15; 141(4):312-21.

McArdle WD, Katch FI, Pechar GS, Jacobson L., Ruck S. Reliability and interrelationships between maximal oxygen intake, physical work capacity and step-test scores in college women. Med Sci Sports. 1972; 4: 182-186.

Miotto JM, Chodzko-Zajko WJ, Reich JL, Supler MM. Reliability and validity of the Fullerton Functional Fitness Test: and independent replication study. J. Aging Phys. Act 1999. 7, 339-353

Morey MC, Cowper PA, Feussner JR, Dipasquale RC, Crowley GM, Sullivan RJ. Two-year trends in physical performance following supervised exercise among community-dwelling old veterans. J Am Geriatr Soc. 1991; 36 (6):549-554

Newman AB, Kupelian V, Visser M, Simonsick EM, Goodpaster BH, Kritchevsky SB, y cols. Strength, but not muscle mass, is associated with mortality in the health, aging and body composition study cohort. J Gerontol A Biol Sci Med Sci. 2006;61:72-7.

Newman AB, Kupelian V, Visser M, Simonsick EM, Goodpaster BH, Kritchevsky SB, y cols. Strength, but not muscle mass, is associated with mortality in the health, aging and body composition study cohort. J Gerontol A Biol Sci Med Sci. 2006; 61: 72-7.

Oja P, Tuxworth B. Eurofit para adultos: evaluación de la aptitud física en relación con la salud. Edición española, Consejo Superior de Deportes; 1995.

Osness WH, Adrian M, Clark B, Hoeger W, Rabb D, Wisnell R. Functional fitness assessment for adults over 60 years. Dubuque IA: Kendall/Hunt. 1996.

Patterson P, Wiksten DL, Ray L, Flanders C, Sanphy D. The validity and reliability of the back saber sit-and-reach test in middle school girls and boys. Res. Q 1996;. 64, 448-451.

Peloquin L, Gauthier P, Bravo G, Lacombre G, Billiard J. Reliability and validity of the 5-minute walking field test for estimating VO^2 peak in elderly subjects with knee osteoarthritis. J Aging Phys Act. 1998; 6: 36-44.

Podsiadlo D, Richardson S. The timed "up and go": a test of basic functional mobility for frail elderly persons. J. Am. Geriat. Soc. 1991; 39, 142-48

Pollock M, Mengelkoch L, Graves J, Lowenthal D, Limacher M, Foster C, and Wilmore J. Twenty-year follow-up of aerobic power and body composition of older track athletes. J Appl Physiol. 1997; 82:1508-1516.

Rikli RE, Jones CJ. Senior Fitness Test Manual. Champaign IL: Human Kinetics 2001.

Rikli, R. y Jones, C. Senior fitness test manual. Estados Unidos de América. Human Kinetics. 2001.

Rodríguez, FA, Gusi. N., Valenzuela, A , Nacher, S, Nogués, J., Marina, M. Valoración de la condición física saludable en adultos(1): Antecedentes y protocolos de la batería AFISAL-INEFC. Apunts Educació Física i Esports,1998 52: 54-75.

Rossi A, Fantin F, Di Francesco V, Guariento S, Giuliano K, Fontana G. Body composition and pulmonary function in the elderly: a 7-year longitudinal study. Int J Obes (Lond). 2008; 32:1423-30.

Ruiz J, Sui X, Lobelo F, Morrow J, Allen W, Jackson JA, y cols. Association between muscular strength and mortality in men: prospective cohort study. BMJ. 2008;337-439.

Ruiz J, Sui X, Lobelo F, Morrow J, Allen W, Jackson JA, y cols. Association between muscular strength and mortality in men: prospective cohort study. BMJ. 2008; 337-439.

Sayer AA, Dennison EM, Syddall HE, Jameson K, Martin HJ, Cooper C. The developmental origins of sarcopenia: Using peripheral quantitative computed tomography to assess muscle size in older people. Journal of Gerontology: Medical Sciences. 2008;63A:835-40.

Seals D, Reiling M. Effect of regular exercise on 24-hr arterial pressure in older hypertensive humans. Hypertension. 1991; 18:583-592

Shephard R. Physical Activity and Aging. Chicago. Year Book Medical Publishers 1978.

Spina R, Miller T, Bogenhagen W, Schechtman K, Ehsani. A. Gender-related differences in left ventricular filling dynamics in older subjects after endurance exercise training. J Gerontol. 1996; 51:B232-B237.

Stathokostas L, Jacob-Johnson S, Petrella RJ, Paterson D. Longitudinal changes in aerobic power in older men and women. J Appl Physiol. 2004; 97:784-925.

Stevenson E, Davy K, Seals D. Hemostatic, metabolic, and androgenic risk factors for coronary heart disease in physically active and less active postmenopausal women. Arterioscler Thromb. 1995; 15:669-677

Stratton J, Levy W, Cerqueira M, Schwartz R, Abrass I. Cardiovascular responses to exercise effects of aging and exercise training in healthy men. Circulation. 1994; 89:1648-1655

Sturnieks DL, George R, Lord SR. Balance disorders in the elderly. Neurophysiol Clin. 2008;38:467-78.

Sui MD, LaMonte M, Laditka J, Hardin J, Chase N, Hooker S, Blair S. Cardiorespiratory Fitness and Adiposity as Mortality Predictors in Older Adults JAMA.2007;298(21):2507-2516

Suni JH, Miilumpalo SI, Asikainen TM, Laukanen RT, Oja P, Pasanen ME, Bös K, Vuori IM. Safety and feasibility of a health-related fitness test battery for adults. Phys Ther. 1998; 78: 134 -148.

Suni JH, Oja P, Miilumpalo, Pasanen ME, Vuori IM, Bos K. Health-related fitness test battery for adults: association with perceived health, mobility and back function and symtoms. Arch Phys Med Rehabil.1998; 79: 559 – 569.

Tzankoff SP, Norris AH. Longitudinal changes in basal metabolic rate in man. J. Appl. Physiol. 1978; 33:536-539

Warren BJ, Dotson RG, Nieman DC, Butterworth DE. Validation of a 1-mile walk test in elderly women. J Aging Phys Act. 1993; 1: 13-21.

www.ingramcontent.com/pod-product-compliance
Lightning Source LLC
Chambersburg PA
CBHW050143170426
43197CB00011B/1948